Ulrich Schaefer

Gaffelschoner in Nord- und Ostsee

Ulrich Schaefer

Gaffelschoner in Nord- und Ostsee

Deutsche Küstenschiffahrt unter Segeln

Ernst Kabel Verlag

Für das Deutsche Schiffahrtsmuseum
herausgegeben von Uwe Schnall

Redaktion: Uwe Schnall
Satz u. Repro: Satzatelier Kusel, Hamburg
Druck u. Bindung: Clausen & Bosse, Leck
ISBN 3-8225-0124-7

Inhalt

Vorwort

Es ist in einer Zeit der raschen Veränderungen besonders wichtig, Vergangenes lebendig zu erhalten, um der jeweiligen Gegenwart die Grundlagen aufzuzeigen, auf denen sie aufbaut.

(Herbert Weichmann)

Die folgende Darstellung befaßt sich mit einem Teilbereich der Nord- und Ostseefahrt während der Jahrzehnte vor der endgültigen Motorisierung unserer Küstenschiffsflotte. Den Rahmen bildet die Entwicklung des Gaffelschoners, der bis in die Mitte unseres Jahrhunderts hinein Verwendung im Gütertransport über See fand und der zwischen den Weltkriegen als einziger Segelschiffstyp noch in größerer Zahl auf deutschen Werften gebaut wurde.

Etliche Schoner haben ein erstaunlich hohes Alter erreicht. Den sich wandelnden Erfordernissen immer wieder angepaßt und endlich in reine Maschinenfahrzeuge verwandelt, sind einige von ihnen bis heute in der Frachtfahrt beschäftigt. Diese Tatsache veranschaulicht in besonderem Maße deren Bedeutung als wichtiges wirtschaftlich-technisches Bindeglied zwischen dem kleineren Frachtsegler früherer Zeiten und dem jetzt die Nord- und Ostseefahrt beherrschenden Motorschiff.

Als Grundlage für die vorliegende Abhandlung diente neben der im Quellenverzeichnis aufgeführten Literatur vor allem eine Reihe von Aufsätzen zur Geschichte der deutschen Küstenschifffahrt, die ich in den vergangenen Jahren in verschiedenen Fachzeitschriften veröffentlicht habe. Sie sind hier ergänzt und zu einer Studie zusammengefaßt, die den Werdegang eines Frachtseglertyps vorstellt und die dem Leser gleichzeitig einen Einblick in das maritime Umfeld vermitteln möchte.

Hamburg, im Januar 1990 — Ulrich Schaefer

Folgende in der Schiffahrt gebräuchliche Abkürzungen werden benutzt:

t : Tonne, Gewichtsmaß (1 t = 1000 Kilogramm)
RT : Registertonne, Raummaß (1 RT = 2,83 Kubikmeter)
BRT: Bruttoregistertonne, Raummaß für das vom Schiffskörper gebildete Volumen einschließlich der Wohnräume der Besatzung usw.
NRT: Nettoregistertonne, Raummaß für den nur wirtschaftlich genutzten Raum (Laderaum) eines Schiffes
PS : Pferdestärke, veraltetes Leistungsmaß (1 PS = 736 Watt)
sm : Seemeile, Längenmaß (1 sm = 1852 Meter)
kn : Knoten, Geschwindigkeitsmaß (1 kn = 1 sm/Stunde)

Der Gaffelschoner

Seine Bedienung ist nicht allzu anstrengend, die Segel können rasch und hart an den Wind getrimmt werden, die kaum unterteilte Segelfläche ist sehr wirkungsvoll, und an wenigen Spieren kann sehr viel Tuch gefahren werden. Die Vorzüge der Schonertakelung sind Leichtigkeit und konzentrierte Kraft.

(Joseph Conrad, Spiegel der See)

Herkunft

Spätestens seit 1850, als die Takelungsart maßgebend für die Benennung des größten Teils der Schiffstypen wurde, verstand man unter einem Gaffelschoner ein gaffelgetakeltes Fahrzeug ohne Rahsegel mit mindestens zwei Masten, von denen der hintere höher als oder gleich hoch wie der vordere sein mußte. Das im Gegensatz zur komplizierten Takelage der Rahsegler recht einfache Rigg war kostengünstig beim Bau und in der Wartung, und es benötigte nur wenige Leute zu seiner Bedienung. Diese wirtschaftlichen Vorteile verschafften dem Gaffelschoner in einer Zeit seine Bedeutung, als andere Frachtsegler vergleichbarer Größe die Segel streichen mußten.

Die Gaffelschonertakelung entstand nicht durch bloße Verringerung der Segelfläche bestimmter Rahseglertypen (obgleich dies gegen Ende der Segelschiffszeit aus Kostengründen gelegentlich vorkam), sondern sie war schon im frühen 17. Jahrhundert in einfacher Form in Holland und England bekannt und hat damit eine durchaus eigenständige Entwicklungsgeschichte. Die spätere Vervollkommnung und Verbreitung ging von Nordamerika aus, dem Einwanderungsland auch vieler europäischer Schiffbauer. Im zweiten Dezennium des 18. Jahrhunderts tauchte die Bezeichnung

Die unter dänischer Flagge segelnde FAMILIEN wurde 1866 in Christiania (heute Oslo) gebaut und war zu 65 BRT vermessen. Von 1870 bis 1880 war Rudolf Büttner aus Stolpmünde der Eigner des dann unter dem Namen ELLA fahrenden Schiffes, das zu den frühen hölzernen Gaffelschonern in der nordeuropäischen Fahrt gehörte. (Schiffsporträt im Schiffahrtsmuseum Troense)

»schooner« erstmals in amerikanischen Schiffslisten auf. Um 1800 stellten die Gaffelschoner in der Neuen Welt bereits den überwiegenden Teil an kleinen Küstenfrachtseglern und Fischereifahrzeugen. Mit fortschreitender Entwicklung wurden daneben immer größere Schoner gebaut, die — durch die speziellen Windverhältnisse vor den Landmassen des amerikanischen Kontinents begünstigt — hauptsächlich in der Massengutfahrt entlang der Küste eingesetzt wurden. Sie konnten dort bis in das 20. Jahrhundert hinein durchaus mit den Dampfschiffen konkurrieren.

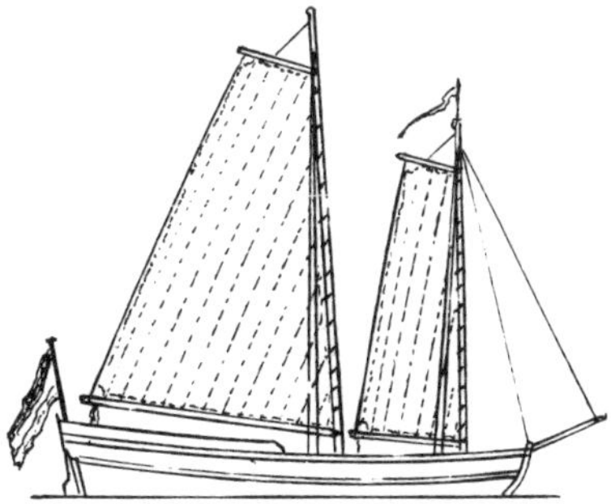

Gaffelgetakelter holländischer Zweimaster nach einer Darstellung auf einer Seekarte aus dem Jahre 1652. (Zeichnung: Verfasser)

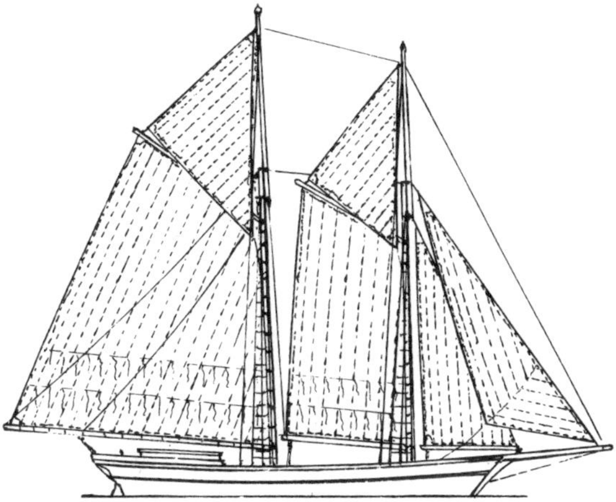

Der amerikanische Gaffelschoner LIZZIE A. TOLLES wurde 1863 gebaut und war zu 69 BRT vermessen. (Zeichnung: Verfasser)

Nachdem die Amerikaner schon ab etwa 1800 Dreimastgaffelschoner gebaut hatten, folgten ab 1880 Viermaster, ab 1888 Fünfmaster und ab 1900 Sechsmaster. Im Jahre 1909 entstand der Sechsmastgaffelschoner WYOMING; dieses Schiff war mit 108 m Länge der zweitgrößte hölzerne Segler, der jemals vom Stapel lief. Ein weiterer Superlativ war die THOMAS W. LAWSON, der einzige erbaute Siebenmastgaffelschoner. Dieser 1902 fertigge-

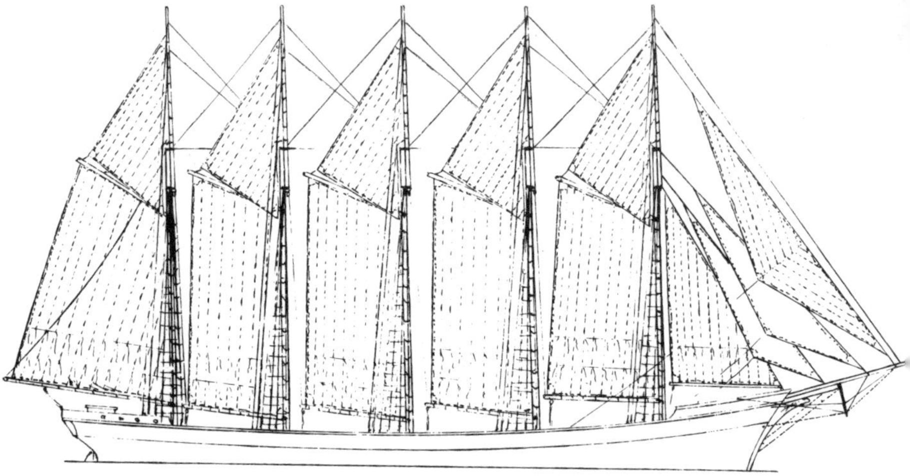

Im Jahre 1896 entstand der amerikanische Fünfmastgaffelschoner INCA, *dessen Vermessung 1014 BRT ergab. (Zeichnung: Verfasser)*

stellte stählerne Koloß hatte bei einer Ladefähigkeit von 8100 t eine nur 16köpfige Besatzung. Der unhandige Schoner, dessen gewaltige Segel nur mit Hilfe von Dampfwinden zu setzen waren, bewährte sich jedoch nicht sonderlich, und es gab zahlreiche Klagen seitens seiner Kapitäne. Im Dezember 1907 strandete die THOMAS W. LAWSON, als ihr in einem Sturm bei den Scilly Islands im Westteil des Englischen Kanals die Ankerketten brachen; lediglich zwei Mann der Besatzung konnten gerettet werden.

Nach Deutschland gelangte der Schiffstyp des Schoners vermutlich über das benachbarte Dänemark, das bereits rege Handelsbeziehungen mit den im nordamerikanischen Einflußbereich liegenden Westindischen Inseln pflegte, als unsere eigene Überseeschiffahrt noch in den Kinderschuhen steckte. Ab 1850/60 nahmen deutsche Werften den Bau von Gaffelschonern vereinzelt auf, aber erst nach der letzten Jahrhundertwende wurden solche Schiffe von deutschen Eignern in größerem Umfang eingesetzt — gelegentlich in der atlantischen Fahrt oder im überseeischen Küstenhandel, vor allem jedoch als Nord- und Ostseefrachter. In diesem Zeitraum, in dem die Segelschiffahrt in ihrer Gesamtheit stark zurückgedrängt wurde, entwickelte sich der Gaffelschoner bei uns zum eigentlichen Küstenschiffstyp der Übergangsperiode vom Segel zum Motor, konzipiert für den Einsatz zwischen dem Betätigungsfeld der damaligen Dampfer der nordeuropäischen Fahrt und dem der übrigen Kleinschiffahrt.

Bauweise

Die europäischen Schiffahrtsverhältnisse ließen es sinnvoll erscheinen, den Gaffelschoner nur mit verhältnismäßig geringen Abmessungen und in der Regel mit nicht mehr als drei Masten für den überwiegenden Einsatz in der Nord- und Ostsee zu bauen. Größere Schoner hätten in direkte Konkurrenz zum Dampfschiff treten müssen, wobei sie wegen ihrer stärkeren Abhängigkeit vom Wind und winterlichem Eisgang von vornherein übermäßig benachteiligt gewesen wären. Für die Fahrt nach Übersee auf den den europäischen »Windjammern« nach 1900 noch offenstehenden Routen ums Kap Horn zur Westküste Nord- und Südamerikas und ums Kap der Guten Hoffnung nach Australien wurden Rahsegler bevorzugt, deren größere Unterteilung der Segelfläche die Anpassung der Segelführung an die jeweils herrschenden Windverhältnisse erheblich erleichterte. Die gewaltigen Gaffelsegel der nordamerikanischen Riesenschoner konnten dagegen im allgemeinen nur verkleinert werden, wenn man sie vorher vollkommen gefiert hatte; anders war es bei starkem Wind kaum möglich, die enorme Segelfläche zu bändigen und ein Reff einzubinden. Außerdem waren auf größeren Gaffelschonern vor dem Wind und beim Schlingern und Gieren des Schiffes in hoher achterlicher See die schweren Gaffeln und Bäume nicht leicht unter Kontrolle zu halten, was überraschend zu einer unfreiwilligen Halse mit bösen Havarien führen konnte. Ein aus den Schoten oder Bulltaljen gerissener Baum war nur äußerst schwer zu bändigen. Ein Dampferkapitän, der mit seinem Schiff einmal einen offensichtlich in Bedrängnis geratenen großen amerikanischen Schoner passierte, soll auf seine Frage *Who is in command of that vessel?* die bezeichnende grimmige Antwort des Schonerschiffers erhalten haben: *Before that damned boom got loose, I was!*

Es waren in Europa insbesondere die skandinavischen Länder

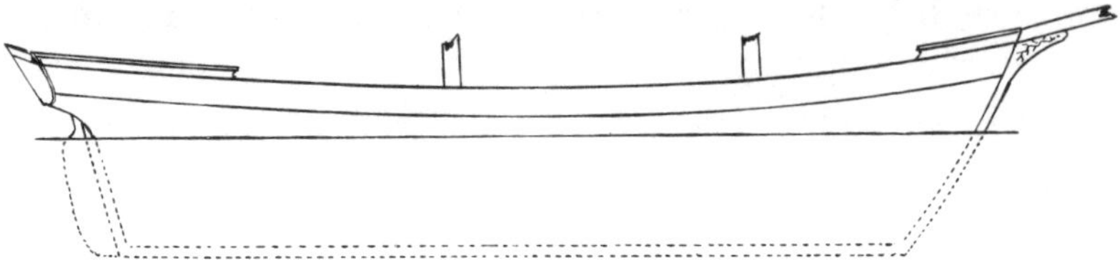

Hölzerner Gaffelschoner um 1885 in sogenannter amerikanischer Bauweise. (Zeichnung: Verfasser)

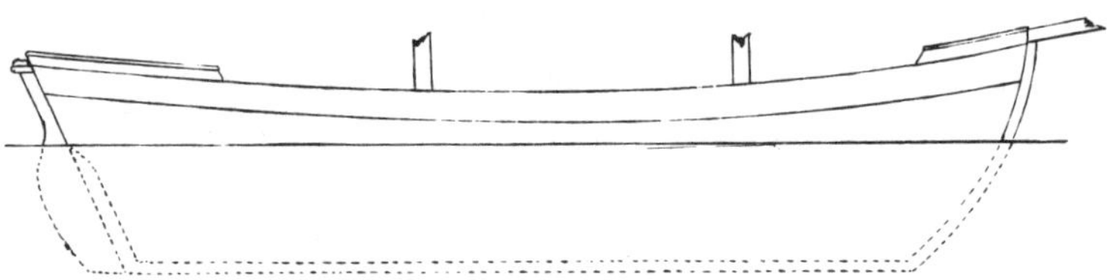

Hölzerner Gaffelschoner um 1905 in sogenannter dänischer Bauweise. (Zeichnung: Verfasser)

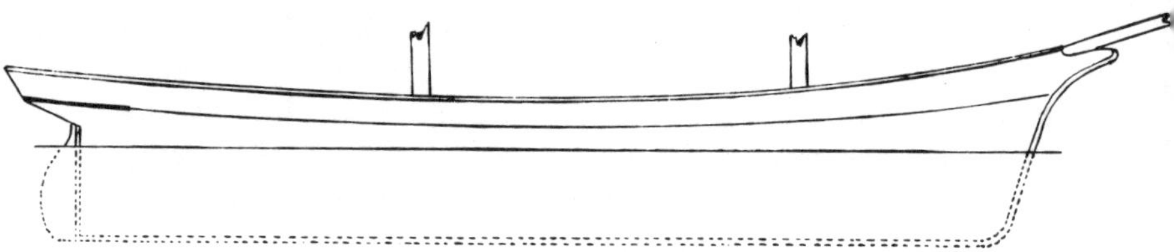

Stählerner Gaffelschoner um 1910. (Zeichnung: Verfasser)

sowie Holland und Deutschland, die Gaffelschoner in der nordeuropäischen Fahrt einsetzten, und zwar aus den erwähnten Gründen mit nur wenigen Ausnahmen in einer Größenordnung von etwa 60 bis 200 BRT, d.h. mit einem Ladevermögen zwischen rund 100 und 300 t. In der Takelage unterschieden sich diese Fahrzeuge von ihren amerikanischen Vorbildern am auffälligsten dadurch, daß sie am hinteren Mast ein weniger großes Segel führten, als dies bei den Yankee-Schonern mit ihren weit über das Heck ragenden Bäumen der Fall war. Die leicht nach achtern geneigten hohen Masten trugen meistens Stengen; über den Gaffelsegeln wurden häufig Gaffeltoppsegel gesetzt. An den Stagen, die vom Fockmast zu dem über den Vorsteven hinausreichenden Bugspriet liefen, konnten mehrere Vorsegel gefahren werden. Zur besseren Ausnutzung achterlicher Winde war oftmals zusätzlich eine Breitfock vorhanden, ein rechteckiges Segel an einer leichteren Rah unterhalb des Fockstags.

Auf deutschen Werften entstanden hölzerne Gaffelschoner in zwei voneinander abweichenden Rumpfformen. Zunächst wurde in herkömmlicher Weise im amerikanischen Stil gebaut, also mit klipperartigem Steven und überhängendem Spiegelheck. Nach 1900 setzte sich jedoch die dänische Bauweise mit konvex gekrümmtem Vorsteven ohne Galion und einem das Achterschiff abschließenden großen herzförmigen Spiegel durch. Diese sogenannten Jachtschoner mit arbeitssparender Gaffeltakelung, großer Ladefähigkeit und guten Segeleigenschaften verdrängten den auf amerikanische Vorbilder zurückgehenden Schonertyp derart, daß nach der Jahrhundertwende auf unseren Werften kaum ein hölzerner Schoner anders als in dänischer Art gezimmert wurde. Nur bei den stählernen Schonern blieb meist die amerikanische Form erhalten.

Erwähnenswert ist in diesem Zusammenhang, daß der erste Schiffbaumeister, der die Rumpfform der in der westlichen Ostsee weit verbreiteten, einmastigen Jacht (Jagt) auf einen Schoner übertrug, der in Nykøbing/Falster ansässige Werftbesitzer E. C. Benzon war. Aus einem Aufsatz im Jahrbuch 1954 des Handels- og Søfartsmuseet på Kronborg geht hervor, daß Benzon zunächst die herkömmliche Form der Jacht — einem kleinen Frachtseglertyp — bei zwei 1867 fertiggestellten Einmastern derart verbessern konnte, daß diese beiden Schiffe aufgrund ihrer hervorragenden Segeleigenschaften bei angemessenem Ladevermögen bald einen ausgezeichneten Ruf in dänischen Schiffahrtskreisen errangen. Das hatte zur Folge, daß der Reeder Hans Christensen aus Marstal mit der Bitte an ihn herantrat, Zeichnungen für einen entsprechenden Toppsegelschoner anzufertigen. Benzon lieferte im Oktober 1871 die Pläne, mit deren Hilfe Christensen in Marstal einen 140-t-Schoner bauen ließ. Der Segler bewährte sich so gut, daß das Interesse an dieser Neukonzeption rasch wuchs und in den folgenden Jahren eine Vielzahl ähnlicher Fahrzeuge entstand. Auf einem beeindruckenden Foto in dem Buch »Langfarere fra Marstal« von F. Holm-Petersen sieht man eine ganze Flotte von Segelschiffen im Marstaler Winterlager, überwiegend offensichtlich Jachtschoner. Die Schiffe waren zwei- oder dreimastig und als Toppsegel- oder Gaffelschoner getakelt; sie gingen in die dänische Schiffahrtsgeschichte als »Marstalschoner« ein. Die geographische Nähe zum südlichen Dänemark erklärt, warum sich auch deutsche Werften dem Bau der im Nachbarland so beliebten Jachtschoner zuwandten.

Segelfähigkeit

Ein Schiff konnte natürlich in wirtschaftlicher Hinsicht nur erfolgreich sein, wenn es sich neben niedrigen Gestehungs- und Betriebskosten auch durch eine ausreichende Ladefähigkeit sowie durch zufriedenstellende Segel- und Manövriereigenschaften auszeichnete. Aufgrund ihrer Rumpfform und ihrer speziellen Besegelung konnten Gaffelschoner relativ hoch am Wind liegen und waren selbst in engeren Gewässern im Verhältnis zu ähnlich großen, aber anders gebauten Seglern leicht zu handhaben. Eine Anekdote von der Ostseeküste über einen Schiffer, der bis dahin nur auf Schonern gefahren hatte, sich aber nun mit einem ihm ungewohnten Plattbodenschiff abplagen mußte, charakterisiert den Sachverhalt: Der Schiffer fährt also nach Hamburg, um dort eine sehr völlig gebaute Kufftjalk zu übernehmen. Nachdem er alles inspiziert und für gut befunden hat, segelt er mit achterlichem Wind und ablaufend Wasser die Elbe abwärts, läßt sich durch den Kaiser-Wilhelm-Kanal schleppen und läuft in die Kieler Förde ein. Dort weht ein steifer Nordost. Bei einer solchen Windlage war der Schiffer bei früheren Gelegenheiten mit seinen Schonern stets aus der Förde herausgekreuzt, und er versucht nun das gleiche Manöver. Er luvt an, soweit es die Segel hergeben und will über Stag gehen. Die Kufftjalk ist zunächst willig und dreht sauber in den Wind — aber damit ist es dann auch aus. Sie steht, fängt leicht an zu dümpeln und macht schließlich Fahrt über den

Achtersteven. Dabei kommen die Seitenschwerter hoch, klappern beängstigend gegen die Bordwand und drehen sich quietschend in den Augbolzen. Der Schiffer aber ist perplex; mit einer hilflosen Geste klopft er seine Pfeife an der Verschanzung aus und sagt kopfschüttelnd zu seinen Leuten: *Pass op, glieks fangt hei an to fleegen!* Eine ähnliche Version dieser Geschichte erzählt Wolfgang Rudolph in seinem schönen Buch »Die Insel der Schiffer«, das leider seit vielen Jahren vergriffen ist.

Auch die Zeitschrift »Hansa« klagte 1904, daß in der Kieler Förde bei länger andauernden Ostwinden sich stets eine große Zahl abwartender Küstensegler ansammele, während nur die schärfer gebauten Kleinsegler sowie die Gaffelschoner mit ihren guten Am-Wind-Eigenschaften ohne Schwierigkeiten in die offene Ostsee hinauskreuzten. Dabei darf man allerdings nicht vergessen, daß die völligen Kleinsegler und Plattbodenschiffe, die trotz ihrer die Abtrift vermindernden Seitenschwerter weniger gut am Wind segelten, durchaus auch ihre Vorteile hatten. So konnte man sie selbst mit einer schweren Ladung unbesorgt bei Niedrigwasser trockenfallen lassen. Infolge ihrer völligen Bauweise hatten sie ein großes Ladevermögen, und ihr geringer Tiefgang machte sie besonders für die Wattfahrt geeignet und öffnete ihnen manchen Ladeplatz, der von einem gleich großen, auf Kiel gebauten Fahrzeug nicht mehr erreicht werden konnte. Ferner konnten sie in ruhigem Wasser — stählerne Ewer sogar über See — unbeladen ohne Ballast gesegelt werden, während andere Segler kostenverursachenden Ballast übernehmen mußten oder aber festen Ballast fuhren, was wiederum die Ladefähigkeit verringerte. Die weniger guten Am-Wind-Eigenschaften der Plattbodenschiffe wurden durch solcherlei Vorzüge in der schließlich ausschlaggebenden Wirtschaftlichkeitsrechnung wieder wettgemacht, solange sie in einem Fahrtgebiet Verwendung fanden, in dem ihre baulichen Besonderheiten gewinnbringend ausgenutzt werden konnten. Der mehr auf Tiefgang gebaute Gaffelschoner mit seinen größeren Abmessungen wurde dementsprechend überwiegend in der ausgedehnteren Fahrt nach Schweden, Finnland, Norwegen, England und Frankreich eingesetzt, während das Gros der übrigen Kleinsegler hauptsächlich an der deutschen Küste und in den unmittelbar angrenzenden Gewässern verkehrte.

Es ist sicher kein Zufall, daß die Gaffelschonertakelung auch auf Spezialfahrzeugen verwendet wurde, bei denen es neben Seetüchtigkeit vor allem auf gute Am-Wind- und Manövriereigenschaften ankam. Hier sei an jene legendären Schoner erinnert, mit denen bis Ende der 1920er Jahre die Lotsen der Nordseehäfen versetzt wurden, und auch an die großen Schoneryachten, die um die Jahrhundertwende das Bild des Segelsports beherrschten. Bei der Konstruktion dieser Schiffe löste man sich bei der Formgebung des Rumpfes weitgehend von den wirtschaftlichen Überlegungen, die beim Bau eines Fachtseglers mit angemessener Ladefähigkeit zu berücksichtigen waren. Das Ergebnis waren scharf auf Kiel gebaute, schnittige Schiffsrümpfe, die im Verein mit der Gaffelschonertakelung eine hervorragende Segelfähigkeit bewirkten.

Bestand und Verbreitung an der norddeutschen Küste

In der deutschen Schiffahrt bildeten die zwei- und dreimastigen Gaffelschoner die Gruppe der größten Fahrzeuge innerhalb der sogenannten »Kleinschiffahrt«. Darunter verstand man bei uns bis in die Zeit vor dem Zweiten Weltkrieg hinein die Vielzahl kleiner Segler, auf denen überwiegend der Schiffer gleichzeitig Eigner war und deren Einsatzgebiet nicht nur die Nordsee und die Ostsee, sondern auch die Fahrt auf den oft weit ins Binnenland reichenden Schiffahrtswegen (Revieren) umfaßte. Die Grenzen zwischen Küsten- und Revierfahrt waren fließend, und eine scharfe Trennung in der heute üblichen Form gab es nicht: Zahlreiche kleine Frachtensegler waren in das Seeschiffsregister eingetragen, ohne ihr angestammtes Binnenrevier jemals verlassen zu haben. Schiffbaulich zwar auch für die Küstenfahrt geeignet, fanden sie vielfach eine hinreichende Beschäftigung in ihren engeren Heimatgewässern, da in jener Zeit des vielerorts noch mangelhaft ausgebauten Straßen- und Schienennetzes die Flußläufe, Förden und Bodden eine weit wichtigere Funktion als Verkehrsadern erfüllten als heute.

Aufgrund ihrer Größe und ihres Tiefgangs gehörten Gaffelschoner innerhalb der Kleinschiffahrt zum seegehenden Teil der Flotte.

Hölzerne Kleinsegler waren in ihrer Bauweise häufig den besonderen Naturverhältnissen einer bestimmten Küstenregion angepaßt — sie waren »landschaftsgebunden«. Auch die hier abgebildete, im Frischen Haff heimische Lomme verließ nur in Ausnahmefällen ihr angestammtes Revier. (Foto: Schiffsfotos Jansen)

Ihr Anteil an der frachtfahrenden Kleinschiffahrt insgesamt lag zwischen 1914 und 1938 nach Schiffseinheiten gerechnet bei rund 9 %, die Tonnage in BRT betreffend aber immerhin bei etwa 18 %. Damit waren sie an der Transportleistung im Nord- und Ostseebereich nicht unwesentlich beteiligt.

Die folgende Tabelle gibt Auskunft über die Entwicklung des Bestandes an Gaffelschonern unter deutscher Flagge. Das Zahlenmaterial ist nach dem amtlichen »Handbuch für die deutsche Handelsschiffahrt« zusammengestellt worden. Da in diesen Handbüchern jedoch nachweisbar nicht immer eindeutig zwischen Gaffelschonern und anderen Schonertypen unterschieden wurde, dürfte die Zahl der tatsächlich vorhanden gewesenen Gaffelschoner etwas höher gelegen haben, als hier aufgeführt. Die angegebenen Jahreszahlen beziehen sich jeweils auf den 1. Januar d.J. (siehe Seite 20).

Bestand der in der Frachtschiffahrt beschäftigten Gaffelschoner
(ohne Fischerei- und andere Spezialfahrzeuge)

Hinter der Anzahl der Fahrzeuge ist in Klammern jeweils die Zahl der davon mit Motor ausgerüsteten Schiffe angegeben.

<table>
<tr><th></th><th>Bau-material</th><th>1877</th><th>1886</th><th>1900</th><th>1914</th><th>1928</th><th>1938</th></tr>
<tr><td rowspan="2">Zweimaster</td><td>Holz</td><td>22</td><td>48</td><td>31</td><td>64</td><td>24</td><td>5</td></tr>
<tr><td>Stahl</td><td>1</td><td>2</td><td>11 (2)</td><td>54 (3)</td><td>43 (56)</td><td>41 (46)</td></tr>
<tr><td rowspan="2">Dreimaster</td><td>Holz</td><td>—</td><td>—</td><td>—</td><td>14</td><td>15</td><td>3</td></tr>
<tr><td>Stahl</td><td>—</td><td>—</td><td>—</td><td>16 (5)</td><td>36 (48)</td><td>63 (66)</td></tr>
<tr><td rowspan="2">Viermaster</td><td>Holz</td><td>—</td><td>—</td><td>—</td><td>—</td><td>—</td><td>—</td></tr>
<tr><td>Stahl</td><td>—</td><td>—</td><td>—</td><td>—</td><td>4 (4)</td><td>—</td></tr>
<tr><td>Insgesamt</td><td></td><td>23</td><td>50</td><td>42(2)</td><td>148(8)</td><td>122(108)</td><td>112(112)</td></tr>
</table>

Die Tabelle verdeutlicht die starke Zunahme an Gaffelschonern zwischen 1900 und 1914, die allmähliche Verdrängung des Schiffbaumaterials Holz durch den Stahl, die Hinwendung zum Dreimaster und damit zum größeren Schiff nach dem Ersten Weltkrieg und schließlich den Einzug der Hilfsmotoren, der um 1928 schon nahezu abgeschlossen war.

Interessant ist in diesem Zusammenhang die Verbreitung der Gaffelschoner an der deutschen Küste, wobei die Konzentration zum Elbegebiet hin wegen steuerlicher Erleichterungen bei einer Registrierung in Hamburg einer allgemeinen Tendenz in der Kleinschifffahrt entsprach.

Das für damalige Verhältnisse relativ günstige Durchschnittsalter der Gaffelschoner über einen längeren Zeitraum hinweg zeigt, daß diese Schiffsgruppe immer wieder — im völligen Gegensatz zu anderen Frachtseglertypen jener Periode — durch Neubauten verjüngt wurde. Der Bau-Anteil deutscher Werften lag 1914 bei 70 %, 1928 bei 68 % und 1938 wieder bei 70 %. Die übrigen Gaffelschoner stammten fast durchweg von niederländischen Schiffbauplätzen.

Verbreitung, Durchschnittsgröße und Durchschnittsalter der in der Frachtfahrt beschäftigten Gaffelschoner

(zwei- und mehrmastige Fahrzeuge zusammengefaßt)

	1900	1914	1928	1938
Ems-Weser-Gebiet	5	44	20	14
Elbe-Gebiet	10	44	67	88
Ostsee	23	56	35	10
Sonstige Heimatorte	4	4	—	—
Schiffe insgesamt	42	148	122	112
BRT insgesamt	3827	15372	19720	17804
Durchschnittsgröße in BRT	91	104	162	159
Durchschnittsalter in Jahren	16	10	15	18

Neben diesen durch Zahlen belegbaren Fakten ist das Besondere am Gaffelschoner als Fahrzeug der deutschen Kleinschiffahrt seine Funktion als Wegbereiter für das moderne Küstenmotorschiff gewesen. Aufgrund seiner Größe und seines Einsatzgebietes stand er in seiner letzten Entwicklungsphase der folgenden modernen Küstenschiffsgeneration schiffbaulich und im Betrieb näher als jeder andere traditionelle Frachtseglertyp der Kleinschiffahrt.

Die verschiedenen Erscheinungsformen des Gaffelschoners — zunächst als reiner Segler aus Holz und später aus Stahl gebaut, dann als Segelschiff mit Hilfsmotor und schließlich als Motorschiff mit Hilfsbesegelung — folgten den sich ändernden Verhältnissen in der Seeschiffahrt im großen und ganzen ohne gewaltsamen Bruch. Nach dem endgültigen Verzicht auf jegliche Segel wurden zahlreiche Schoner durch Umbauten den neuen Gegebenheiten angepaßt. Sozusagen unter den Füßen ihrer Kapitäne verwandelten sie sich den wirtschaftlichen und technischen Erfordernissen sowie den finanziellen Möglichkeiten ihrer Eigner entsprechend vom Segelschiff und Motorsegler in reine Kümos. An der gleichsam gleitenden und erstaunlich problemlos verlaufenden Umstellung unserer Küstenschiffsflotte hatten die Gaffelschoner somit einen nicht unbedeutenden Anteil.

Die im Laufe der Zeit unter dem Druck der wirtschaftlich-technischen Entwicklung an dem Küstenfrachter GENIUS ex ERNST WILHELM getätigten baulichen Veränderungen wurden in dieser oder ähnlicher Form an fast allen stählernen zwei- und dreimastigen Gaffelschonern vorgenommen. Der im Jahre 1909 in Holland gebaute Schoner bekam bei noch vollständiger Besegelung 1926 seinen ersten Hilfsmotor. Umfangreichen Erneuerungen im Jahre 1933 fielen ein Stück des Bugspriets und die Stengen bis auf flaggenstockähnliche Reste zum Opfer; dafür erhielt das Schiff eine stärkere Maschine und auch ein Steuerhaus. Später wurde der Großmast durch einen Auspuffmast ersetzt, so daß nur noch eine Stützbesegelung gefahren werden konnte. 1950 verschwanden die letzten Segel: Der Frachter wurde um 6 m verlängert, achtern voll ausgebaut, stärker motorisiert und mit dem üblichen Ladegeschirr versehen. Dergestalt war die GENIUS bis 1968 unter deutscher Flagge in der Nord- und Ostseefahrt tätig. (Zeichnungen: Verfasser)

Im Aufwind

Nur noch die Klasse der kleinen Ewer, Galeassen, Tjalken etc. ist mäßig rentabel — ferner der moderne Küstenfahrtschoner mit einer Ladefähigkeit von 150 bis 250 t.

(»Hansa«, 1906)

Wirtschaftlicher Hintergrund

Der Nord- und Ostseemarkt war in den 1870er und 1880er Jahren, in den beiden Jahrzehnten nach der Gründung des Deutschen Reiches also, zunächst durch einen besonders die kleine und mittlere Segelschiffahrt belastenden Verfall der Frachtraten gekennzeichnet. Die den früheren Freihandel ablösende Schutzzollpolitik Bismarcks wirkte stark dämpfend auf den Handel mit den benachbarten Ländern, und ausländische Küstensegler, insbesondere die regen Holländer, drängten ins Geschäft. Der fortschreitende Ausbau des Eisenbahnnetzes in Norddeutschland bedeutete nicht nur Anbindung der Häfen an das Binnenland, sondern für die Schifffahrt auch Konkurrenz durch einen neuen Verkehrsträger im Küstenbereich.

Eine außerordentlich wichtige Rolle spielten in diesem Zeitraum die Strukturveränderungen in der Schiffahrt durch neue Seeverkehrsmittel. Frachtdampfer konnten im europäischen Raum erheblich früher mit Erfolg betrieben werden als in der Fahrt nach Übersee, da hier das Problem der Versorgung mit Bunkerkohle nicht bestand und die schwierigen Wetterverhältnisse in erster Linie den windabhängigen Segler behinderten. Infolge seiner höheren Durchschnittsgeschwindigkeit und längeren Einsatzmöglichkeit bei Eisgang in den Wintermonaten wurde die Transportfähigkeit eines Dampfers allgemein dreimal so hoch eingeschätzt wie die eines windgetriebenen Schiffes gleicher Größe. Das Ergebnis läßt sich deutlich an einigen nüchternen Zahlen ablesen, die die Steinkohleverschiffungen von England nach Hamburg betreffen:

Jahr	in Hamburg gelöschte Schiffe	
1850	1073 Segler	1 Dampfer
1860	1221 Segler	58 Dampfer
1870	269 Segler	725 Dampfer
1880	44 Segler	811 Dampfer
1890	8 Segler	1010 Dampfer

Daneben entwickelte sich ab 1880 ein reger küstennaher Verkehr mit Schleppern und Leichtern. Nord- und Ostsee-Segler, die aufgrund ihrer Größe auf gleiche Ladungen wie die maschinengetriebenen Schiffe angewiesen waren, wurden in verhältnismäßig kurzer Zeit aus dem Geschäft gedrängt. Nur unterhalb der für Dampfer und Seeleichter rentablen Tonnagegrenze von etwa 200 bis 300 t blieb ein Betätigungsfeld für Frachtsegler erhalten, in welchem es immer noch genügend kleinere Ladungspartien zu verschiffen gab, da Industrie und Gewerbe jener Zeit weitaus weniger zentralisiert und aufgebläht waren, als dies heute der Fall ist.

Gegen Anfang der 1890er Jahre wurden die deutschen Schutzzollgesetze gemildert, und die einseitige Bevorzugung bestimmter Wirtschaftszweige machte einer ausgewogeneren Handelspolitik Platz. Die innerdeutsche Wirtschaft begann sich zu festigen und führte zu einem allgemeinen Aufstieg. Die Bevölkerungszunahme im Reich von 49 Millionen im Jahre 1890 auf 65 Millionen im Jahre 1914 erforderte eine erhebliche Vergrößerung der Versorgungskapazitäten, und so war um die Jahrhundertwende und danach eine größere Nachfrage nach Schiffsraum und endlich wieder ein Ansteigen der Frachtraten zu beobachten. In Wolfgang Rudolphs Arbeit »Die Insel der Schiffer« findet sich eine Bestätigung dieser Entwicklung: Die Weizenfracht von Stralsund nach Dänemark erhöhte sich beispielsweise von 5 Mark/t im Jahre 1894 auf 8 Mark/t im Jahre 1900 gegenüber 3,50 Mark/t in den Not-

Der hölzerne Gaffelschoner PAUL & EMMA war zu 82 BRT vermessen und entstand 1890 auf einer Werft in Ribnitz für den Rendsburger Kapitän W. Engellandt. (Schiffsporträt von Julius Gregersen, 1912 / Altonaer Museum in Hamburg)

jahren davor. Für die von den vorangegangenen schlechten Jahren besonders betroffene Ostsee-Segelschiffahrt notierte 1900 die Stralsunder Handelskammer: *Die Schiffahrt fand infolge der letzten beiden großen Ernten sowie des letztjährigen geschäftlichen Aufschwungs sehr reiche Beschäftigung, und Schiffe waren selbst zu hohen Frachtraten stets sehr gesucht.*

Nicht unerwähnt bleiben darf in diesem Zusammenhang der für die Nord- und Ostseeschiffahrt so wichtige Kaiser-Wilhelm-Kanal, der am 20. Juli 1895 eingeweiht wurde. Dieser neue Schifffahrtsweg war nicht nur für die Dampfer, sondern auch für kleinere Segler von größter Bedeutung, zumal das Reich Schleppkostenvergünstigungen bei der Passage gewährte (das Segeln im Kanal war nicht gestattet). Der Kanal bot eine geschützte und beträchtlich kürzere Verbindung zwischen Nord- und Ostsee als die bisherigen Wege. Dies waren die Fahrt um Skagen sowie durch den Limfjord oder den Eiderkanal. Die Umlandsfahrt um Kap Skagen war nicht nur relativ weit, sondern auch durch unberechenbare, oft schlechte Wetterbedingungen derart erschwert, daß die Reise sich leicht bis zur Unwirtschaftlichkeit in die Länge ziehen konnte. Der die jütische Halbinsel durchschneidende Limfjord war als unsicher anzusehen, da sein Westausgang bei Thyborøn nur Wassertiefen von zwei bis drei Metern aufwies, stark zur Versandung neigte und bei stärkeren westlichen Winden infolge schwerer Brandung unpassierbar war. Der Eiderkanal schließlich erfreute sich ebenfalls keiner Beliebtheit. In den Jahren 1777 bis 1784 angelegt, galt er schon seinerzeit mit seinen sechs Schleusen und dem sehr gewundenen, knapp 30 m breiten Fahrwasser als veraltet. Wehte der Wind günstig, so konnte man zwar auf den mehr oder weniger geraden Strecken im Eiderkanal segeln, auf den schwierigeren Fahrwasserabschnitten mußte jedoch die eigene Besatzung ihr Schiff treideln. Bei starkem Gegenwind zogen Pferde die Segler durch den Kanal; drei bis vier Tage dauerte dann eine derartige Passage von der Nordsee bis in die Ostsee.

Mit der Eröffnung des Kaiser-Wilhelm-Kanals, der 1918 in »Nord-Ostsee-Kanal« umbenannt wurde, war wegen der Schwierigkeiten auf den früheren Routen eine auch für die Kleinschifffahrt immens wichtige Schiffahrtsstraße geschaffen worden. Bereits im Jahre 1899 wurden im Kaiser-Wilhelm-Kanal 26279 Schiffspassagen gezählt, während der Eiderkanal um 1890 nur jährlich rund 4000 Durchfahrten zu verzeichnen hatte.

Alles in allem kann man sagen, daß die deutschen Küstensegler um 1900 und in den Jahren bis zum Ausbruch des Ersten Weltkrieges ihr gutes Auskommen hatten, solange sie sich nicht in einen unmittelbaren Wettkampf mit der qualmenden Konkurrenz einließen. So mußten Segler, die in der ausgedehnteren Nord- und Ostseefahrt profitable Beschäftigung finden wollten, einerseits ein ausreichend großes Ladevermögen haben, andererseits

Die rahgetakelten Frachtsegler wie dieser hölzerne Dreimasttoppsegelschoner wurden nach der Jahrhundertwende nach und nach von den Gaffelschonern aus der Nord- und Ostseefahrt verdrängt. (Foto: Schiffsfotos Holtorf vorm. Jeske)

unterhalb der Tonnagegrenze von 200 bis 300 t bleiben, da sonst die Gefahr bestand, in einen aussichtslosen Wettbewerb mit der Dampfschiffahrt verwickelt zu werden. Es liegt auf der Hand, daß windgetriebene Schiffe in dieser Randzone zur Dampferkonkurrenz nur bei extrem niedrigen Eigenkosten zufriedenstellende Gewinne hereinfahren konnten. Und so entschieden sich nach der Jahrhundertwende in zunehmendem Maße in der Nord- und Ostseefahrt engagierte Reedereien und Eignerkapitäne für den Gaffelschoner als einen Schiffstyp, der mehr als andere Segler ähnlicher Ladekapazität diese Voraussetzung erfüllte. Die wachsende Bedeutung des Gaffelschoners an unserer Küste spiegelte sich im Zeitraum von 1900 bis 1914 in der Zunahme von 42 auf 148 unter deutscher Flagge in der Frachtfahrt beschäftigte Fahrzeuge dieses Typs wider. Gleichzeitig verringerte sich die Anzahl der inzwischen weniger rentablen Segelfahrzeuge vergleichbarer Größe drastisch. Dabei handelte es sich vor allem um Toppsegelschoner, Schonerbriggs, Schonerbarken und Briggs, deren mehr oder weniger aufwendige Rahtakelung beim Bau, in der Wartung sowie durch eine stärkere Bemannung Kosten verursachte, die durch die mehr in der transozeanischen Fahrt zur Geltung kommenden Vorzüge des Rahsegels im Bereich des Nord- und Ostseeverkehrs nicht kompensiert werden konnten.

Reedereien und Eignerkapitäne

Um 1914 befand sich etwa ein Drittel der deutschen Gaffelschoner — mit einer mittleren Größe von rund 155 BRT — im Eigentum von Reedereien. Davon besaß die 1884 in Geestemünde gegründete Firma W. Schuchmann mit zwei Gaffel- und sechs Dreimastgaffelschonern die meisten Segler. Nach Otto Höver waren *die Schoner von Schuchmann in der Kohlefahrt zwischen der Weser und den schottischen Nordseehäfen Wemyß und Methil beschäftigt. Diese beiden kleinen Häfen an den Ufern des Firth of Forth sollen oft geradezu einer ostfriesischen Kolonie geglichen haben, wo man mehr Platt als Englisch hörte und die biederen Schiffer nebst ihren Leuten in Holschen an den Kajen standen, als wären sie daheim in Westrhauderfehn, Barssel oder Papenburg.*

Ebenso wie Schuchmann betrieben auch noch andere Reedereien die Schonerfahrt bis nach dem Ersten Weltkrieg. Vor Beginn der großen Wirtschaftskrise stießen die meisten Gesellschaften jedoch ihre Segler ab. Sie verließen sich ausschließlich auf Dampfer oder stiegen ganz aus dem Schiffahrtsgeschäft aus. Der Betrieb von Gaffelschonern wurde damit zur nahezu ausschließlichen Domäne jener Schiffer, die als Eigentümer eines Küstenfahrzeugs dies auch selbst führten. Schon seit der Jahrhundertwende hatte die Anzahl der aus unserer Kleinschiffahrt kommenden Betriebe ständig zugenommen, die dem Gaffelschoner den Vorzug für den Erwerb durch die Seefahrt gaben; und so gehörten kurz vor dem Ersten Weltkrieg rund zwei Drittel der Gaffelschoner selbständigen Eignerkapitänen. Unter den Schonern waren elf Dreimaster mit je etwa 100 BRT; die mittlere Größe aller Eignerschoner lag seinerzeit bei 80 BRT.

Das Kapital zum Bau oder Kauf eines Schiffes war in der Regel vom Eigner selbst gespart, in vielen Fällen half man sich auch mit Darlehen aus der Verwandtschaft. Mußten dennoch Bankkredite aufgenommen werden, so wurden diese so rasch wie möglich abbezahlt. Um Kosten zu sparen, vervollständigte man die Besatzung nach Möglichkeit durch erwachsene Söhne oder den Schwiegersohn. Die an Land verbliebenen Familienangehörigen betrieben nicht selten im Nebenerwerb etwas Landwirtschaft. Die Anfänge als Schiffseigner waren somit zumeist bescheiden und von größter Sparsamkeit geprägt. Dennoch konnte zu Beginn unseres Jahrhunderts ein fleißiger und tüchtiger Schiffer mit einem rund 150 t tragenden Segler und Ladungen wie Getreide, Zement, Kohle, Alteisen, Dünger, Holz und Steine einen durchschnittlichen Jahresverdienst von 7000,— bis 8000,— Mark erzielen, einen kleineren Gaffelschoner somit in wenigen Jahren freifahren. Waren die Baukosten getilgt, die seinerzeit für einen hölzernen 70-BRT-Gaffelschoner etwa 20.000,— Mark (das Fünffache eines einfachen Einfamilienhauses) betrugen, dann konnten entweder weniger Reisen gemacht werden, oder man legte das Geld für ein eigenes Haus oder ein neues Schiff zurück.

Die Gilden der Küstenschiffer

Daß die Schoner der Eigner im Durchschnitt nur halb so groß waren wie die der Reedereien, lag nicht nur an den höheren Anschaffungskosten für ein größeres Fahrzeug. Ursache war auch, daß die Segler der selbständigen Kapitäne im allgemeinen in einem der Versicherungsvereine auf Gegenseitigkeit für Küstenfahrer — sogenannten Gilden — versichert waren. Der Bildung der Gilden lag die Idee zugrunde, sich bei Seeunfällen zu helfen und entstandene Schäden am Schiff im Gegenseitigkeitsprinzip gemeinsam zu tragen. Die Vereine, in denen die Mitglieder sowohl Versicherungsnehmer als auch Versicherer waren, sollten auf genossenschaftlicher Basis ohne Gewinn arbeiten und die im Umlageverfahren zu erhebenden Prämien niedriger als bei den »Großen Seeversicherungen« sein. Um die Gilden auf die besonderen Belange der Küstenschiffer auszurichten und um Risiken möglichst gleichmäßig zu verteilen, wurden anfänglich nur annähernd gleichwertige Fahrzeuge zur Versicherung zugelassen, was zwangsläufig zu einer Begrenzung der Schiffsgröße (Gildengrenze) und des Fahrtgebiets (Versicherungsbezirk) führte. Gildengrenzen und Versicherungsbezirke paßte man im Laufe der Zeit den jeweiligen wirtschaftlichen und technischen Gegebenheiten an, womit die Gilden über die Gewährung des Versicherungsschutzes hinaus die maximalen Schiffsgrößen und zu befahrenden Gebiete durch Mehrheitsbeschluß ihrer Mitglieder festlegten. Einige Vereine erweiterten bis 1914 ihre Versicherungsbezirke auf ein Gebiet, das von der Ostküste Englands bis in den Bottnischen Meerbusen reichte, und erhöhten ihre Gildengrenze bis auf 141 BRT (400 m^3): Schiffe bis zu dieser Größe durften nach den damaligen Bestimmungen in der Nord- und Ostseefahrt von einem Kapitän mit dem Patent »Schiffer in der kleinen Fahrt« geführt werden und waren anstelle eines Steuermanns mit einem weniger Heuer beanspruchenden Bestmann als ausreichend besetzt anzusehen.

Ein wichtiger und typischer Punkt in den Satzungen der Gilden war, daß nur selbständige Schiffer als Mitglied in einem der Versicherungsvereine Aufnahme finden konnten. War der Eigner aus bestimmten Gründen nicht willens oder in der Lage, sein Schiff selbst zu führen, so mußte der mit der Schiffsführung betraute »Setzschiffer« von den Gilden ausdrücklich anerkannt sein, d.h. zum Beispiel ein festgesetztes Mindestalter haben und eine bestimmte Zeit als Steuermann auf einem bei den Gilden versicherten Schiff nachweisen können.

Die Versicherungsvereine auf Gegenseitigkeit für Küstenfahrer wurden zu einer Zeit gegründet, in der der küstennahe Transport von Gütern aller Art noch fast ausschließlich von einer Flotte kleiner hölzerner Segler bewältigt wurde:

1856 gründeten 117 Schiffer aus der Umgebung Dornbusch / Drochtersen den Verein »Einigkeit«;
1867 wurde in Uetersen die Gilde »Emanuel« für Schiffe bis zu 26,5 RT ins Leben gerufen;
1870 entstand in Burg / Dithmarschen der Verein »Felicitas« (ab 1911 »Gerechtigkeit«);

Der in Brake beheimatete stählerne Gaffelschoner HINRIKE lief 1904 bei Lühring in Hammelwarden ab und war zu 122 BRT vermessen. (Schiffsporträt von Reuben Chapelle / Schiffahrtsmuseum der oldenburgischen Unterweserhäfen, Brake)

1871 gründeten 51 Schiffer aus Schulau, Haseldorf, Uetersen, Elmshorn und anderen Ortschaften der Umgebung den Assecuranzverein von Küstenfahrern in Schulau;

1881 gründeten 28 Schiffseigner aus den Kirchspielen Grünendeich, Borstel, Estebrügge und Neuenfelde den Assecuranz-Verein für Küstenfahrer in Cranz für Schiffe bis zu 63,6 RT;

1884 schlossen sich Schiffer aus Geversdorf und Umgebung zu dem Verein »Oste« zusammen.

Ab Mitte der 1890er Jahre wurde auf Rügen und im angrenzenden Küstenland in relativ günstiger Nähe zum wichtigen Stettiner Hafen eine Reihe hölzerner Galeassen und kleinerer Gaffelschoner für die Ostseefahrt vom Stapel gelassen. Ihre vor allem in der Umgebung von Seedorf, Barth und Stralsund ansässigen Eignerkapitäne gründeten den Versicherungsverein für Küstenschiffe zu Stralsund.

Die Küstenfahrer aus den Hafenplätzen an der schleswig-holsteinischen Westküste und auf den nordfriesischen Inseln hatten sich in dem Assecuranz-Verein »Hoffnung« in Rendsburg zusammengeschlossen. Mit dem Rückgang der Schiffahrt in dem dortigen Gebiet mußte die Gilde jedoch 1909 aufgelöst werden; ihre Mitglieder fanden Aufnahme in den Vereinen zu Schulau und Cranz.

Ein enger Kontakt der Gilden untereinander kam zunächst nicht zustande. Die Satzungen waren hinsichtlich der Gildengrenzen und der Versicherungsbezirke nicht einheitlich und wurden von den jeweiligen örtlichen Verhältnissen geprägt. Überlegungen in den Vereinen zu Cranz und Schulau führten dann aber zu dem Ergebnis, daß ein besserer Zusammenhalt des Gewerbes durchaus wünschenswert sei, um insbesondere vor den Behörden geschlossener auftreten zu können. So kam es auf Initiative dieser beiden Gilden am 5. Januar 1896 zur Gründung des »Verbandes Deutscher Küstenschiffer« (VDK). Die Küstenfahrer aus Uetersen traten sofort bei, von anderer Seite gab es jedoch auch Bedenken: Man befürchtete, durch Mehrheitsbeschlüsse im Verband in der Eigenständigkeit eingeschränkt zu werden, und maß einer Interessenvertretung aller Küstenschiffer gegenüber den öffentlichen Institutionen weniger Bedeutung bei.

Nach und nach forderten weitere Gilden von ihren Mitgliedern die gleichzeitige Mitgliedschaft im VDK, um dem Verband bei seiner Arbeit den nötigen Rückhalt zu sichern. So hieß es beispielsweise im Sitzungsprotokoll des Versicherungsvereins »Emanuel« von 1924: *Jedes Mitglied muß auch Mitglied des bereits 1896 gegründeten Verbandes Deutscher Küstenschiffer e.V. sein.* Noch immer bestanden jedoch widerstrebende Interessen bei einem Teil der Gilden sowie auch bei einzelnen Schiffern, so daß die völlige organisatorische Erfassung aller Küstenfahrer letztlich erst durch staatliche Zwangsverordnung erfolgte. Am 1. Oktober 1935 wurde das gesamte Verkehrsgewerbe Deutschlands in sogenannte Reichsverkehrsgruppen gegliedert, so daß sich die Küstenschiffseigner als Teil der Verkehrsgruppe Seeschiffahrt in der »Fachgruppe Küstenschiffer« wiederfanden. Begründet wurde diese Maßnahme damit, daß sie nach Auffassung der Regierung zur wirtschaftspolitischen Betreuung und Unterstützung des Berufsstandes erforderlich sei.

Die völlig veränderten Verhältnisse und die Auflösung der »Fachgruppe Küstenschiffer« nach dem Zweiten Weltkrieg brachten die Eigner dann zu der Einsicht, daß ein solidarisches Zusammengehen zur künftigen Sicherung des Gewerbes unumgänglich sei: So wurden unter anderem die Satzungen der Gilden in allen wesentlichen Punkten vereinheitlicht, und aus der einst losen Interessengemeinschaft des VDK entwickelte sich ein einflußreicher Schiffahrtsverband, in dem die Mehrzahl der Küstenschiffseigner organisiert ist.

Vom Holz zum Stahl

Die unter deutscher Flagge fahrenden, aus Holz gebauten Frachtsegler entstanden vorwiegend auf heimischen Werften. Die Schiffbauplätze der Kleinschiffahrt lagen weit verstreut im Küstenbereich und waren in ihrer Kapazität vielfach nur dem begrenzten örtlichen Bedarf angepaßt. Sie verfügten im allgemeinen über zwei oder drei Helgenanlagen zur Aufnahme von Neubauten oder reparaturbedürftigen Fahrzeugen. Auf einem Stapelplatz wurde das Bauholz gelagert: überwiegend Eiche für die Beplankung und für die Längs- und Querverbände sowie Fichte, Tanne oder Kiefer für die Rundhölzer und Decksplanken. In einem Schuppen waren die Werkzeuge der Schiffbauer untergebracht; er bot ferner Schutz bei der Bearbeitung kleinerer Bauteile sowie der Spieren und Masten und enthielt den Raum für ein kleines Kontor. Ein Dampfkessel versorgte den sogenannten Dampfkasten, in dem die Planken für die Außenhaut zwei bis drei Stunden lang dem Wasserdampf ausgesetzt wurden, um sie für die Anbringung auf den Spanten biegsamer zu machen. Die erforderlichen Metall-

Die Holzschiffswerft von Detlev Schöning in Friedrichstadt war Reparaturbetrieb und Bauplatz einer Reihe gaffelgetakelter Jachtschoner; ein solches Fahrzeug liegt als Rohbau links an Land. (Foto: W. Schulz, 1903 / Aus J. Kaiser: Küstenscenerie)

teile gab man meistens beim ortsansässigen Schmied in Auftrag, die Takelage lieferten die Block- und Segelmacher.

Auf diesen rein handwerklich ausgerichteten Holzschiffswerften wurden zunächst vereinzelt Gaffelschoner mit Klippersteven und überhängendem Heck gebaut. Nach 1890 setzte sich aber die schon erwähnte dänische Bauform der Jachtschoner durch. Nach Hans Szymanski entstanden von diesem Schiffstyp vor allem auf pommerschen und schleswig-holsteinischen Bauplätzen rund 75 Zweimaster (1890 bis 1926) und 25 Dreimaster (1904 bis 1924). Wie beliebt die gaffelgetakelten Jachtschoner seinerzeit waren, belegt ein Bericht des Schulauer Kapitäns Hans Heinrich Seebeck im Heft 6/1978 des Fachblatts »Deutsche Küstenschiffahrt«, der hier auszugsweise wiedergegeben werden soll: *Nach 1900 zimmerte man an der Elbe und Eider eine Art von Schnellseglern, wie sie in Dänemark, Schweden und Pommern vorkommen: Jacht-*

schoner und Jachtgaleassen. Es waren alles Kielschiffe, die fünf Strich am Wind segeln konnten. Im März des Jahres 1910 kaufte ich den in Haseldorf gebauten Jachtschoner PRINZ CAROLATH von Kapitän Ossenbrüggen. Ich war damals 25 Jahre alt und stolz, ein solches Schiff mein eigen zu nennen und es als Kapitän zu fahren. Die PRINZ CAROLATH konnte 150 t Schwergut und 50 Standard Holz laden; sie war über Deck 26 m lang, 6,36 m breit und ging beladen 3 m tief. Diese Schoner waren damals die besten Seeschiffe und schnellsten Segler. Wir liefen im Jahre 1910 auf der Reise von Kopenhagen nach Königsberg zeitweise 9,5 kn bei günstigem Wind; bei stetiger Brise konnten wir jedem Dampfer mithalten, der 7 bis 8 kn lief. Diese Schiffe waren seinerzeit die größten Geldverdiener.

Als einer der letzten zweimastigen hölzernen Gaffelschoner wurde im Jahre 1924 der Jachtschoner IRENE SCHÖNING auf der Werft von Detlev Schöning in Burg in Dithmarschen gezimmert. Der zu 110 BRT vermessene Schoner war bei einer Tragfähigkeit von 180 t 26,1 m lang, 6,3 m breit und 2,8 m tief. Ein weiterer Zweimaster soll noch 1926 auf einem pommerschen Bauplatz entstanden sein. (Wenn hier und im folgenden im Zusammenhang mit den Schiffsabmessungen von Länge, Breite und Tiefe die Rede ist, so sind die sogenannten Identitätsmaße gemeint, wie sie für den Schiffsmeßbrief benötigt und auch in das Register übernommen wurden. Dabei ist unter der Identitätslänge die Länge zwischen Vor- und Achtersteven auf Hauptdeckhöhe zu verstehen, unter der Identitätsbreite die größte Breite auf Außenhaut und unter der Identitätstiefe der mittschiffs gemessene senkrechte Abstand zwischen der Unterseite der Decksplanken bis zur Oberseite der Bodenwrangen.)

Ebenfalls aus Pommern stammten die beiden letzten hölzernen Dreimastgaffelschoner, die FÜRST FRANZ ZU PUTBUS (97 BRT), 1924 auf der Werft M. Koldewitz in Seedorf gebaut, und die ELLA, die im gleichen Jahr bei Franz Kneiske in Wollin vom Stapel lief. Die ELLA war mit 192 BRT und einer Ladefähigkeit von 320 t ein schon recht großes Fahrzeug für die Nord- und Ostseefahrt; sie war mit einem 32-PS-Hilfsmotor ausgerüstet.

Als der Stahlschiffbau in den großen Werftzentren bereits in vollem Gange war, hielten technische und wirtschaftliche Pro-

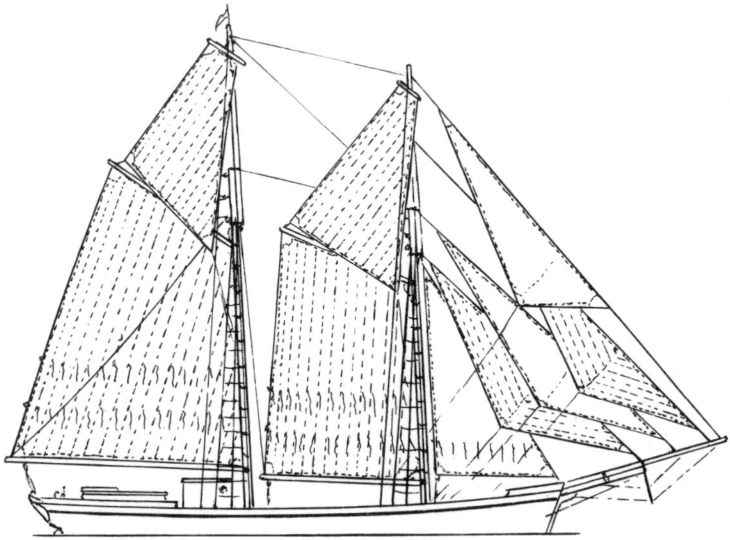

Hölzerner Gaffelschoner F*RANZ* G*OTTFRIED*, *71 BRT, gebaut 1878 in Seedorf a. Rügen. (Zeichnung: Verfasser)*

Hölzerner Gaffelschoner R*OBERT*, *77 BRT, gebaut 1908 in Friedrichstadt. (Zeichnung: Verfasser)*

bleme viele der Betriebe, die sich dem Bau kleinerer Segler widmeten, noch davon ab, sich vom Holz loszusagen. Die Verarbeitung von Schiffbaustahl erforderte nicht nur entsprechend geschultes Personal, sondern auch spezielle Arbeitsmaschinen und somit die Umwandlung vom rein handwerklichen zum mehr industriell ausgerichteten Betrieb. Damit verbunden war eine erhebliche Vergrößerung des Anlagekapitals. Zwar waren schon vor der Jahrhundertwende einige eiserne und stählerne Gaffelschoner in Deutschland gebaut worden, es handelte sich aber dabei durchweg um Einzelbauten. Schließlich war es lediglich die Werft von Conrad Lühring in Hammelwarden an der Weser, die als einzige deutsche Küstenschiffswerft die Anstrengungen der Umstellung auf das neuzeitliche Baumaterial auf sich nahm und sich gleichzeitig in größerem Umfange mit dem Bau von Schonern beschäftigte. Im Jahre 1898 baute Lühring seinen ersten zweimastigen stählernen Gaffelschoner; ein Jahr später folgte mit ADELHEID der erste Dreimastgaffelschoner. Vor diesem Hinter-

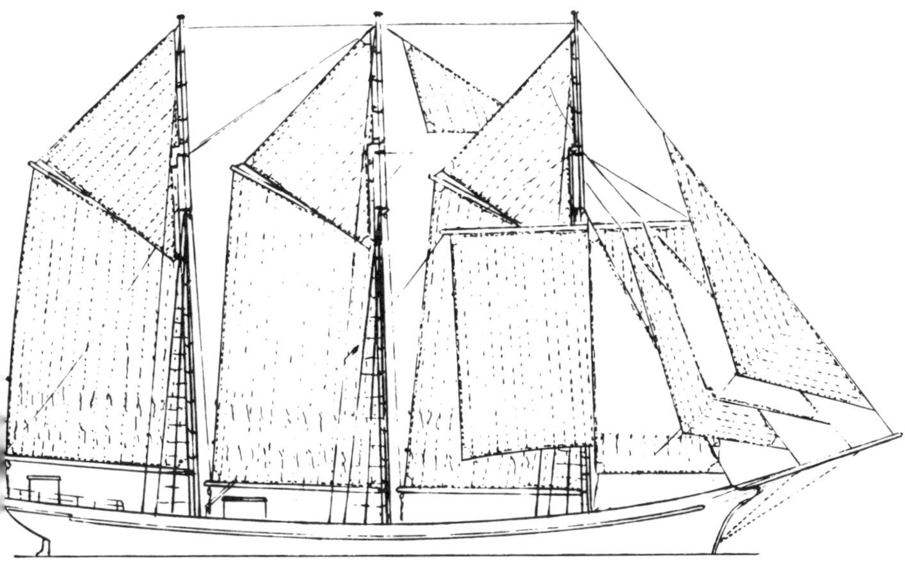

Stählerner Dreimastgaffelschoner der Werft C. Lühring in Hammelwarden, ca. 180 BRT; dieser Schiffstyp wurde von 1899 bis 1918 gebaut. (Zeichnung: Verfasser)

grund ist es nicht verwunderlich, daß von 70 im Jahre 1914 vorhandenen deutschen Gaffelschonern aus Stahl insgesamt 36 aus dem Ausland kamen, und zwar hauptsächlich von niederländischen Schiffbauplätzen wie Martenshoek, Waterhuizen und Hoogezand, wo sich wegen der Holzarmut des Landes das neue Baumaterial im Kleinschiffbau früher durchgesetzt hatte. Von den übrigen 34 stählernen Gaffelschonern waren allein 22 von der Werft Conrad Lührings. Dagegen stammten von den 78 zum gleichen Zeitpunkt vorhandenen hölzernen Gaffelschonern immerhin 72 Einheiten von deutschen Bauplätzen.

Der erste Dreimastgaffelschoner, den Lühring 1899 baute, war übrigens gleichzeitig das erste Schiff dieses Typs, das auf einer deutschen Werft entstand (der erste rein gaffelgetakelte Dreimaster in Holzbauweise lief 1904 ab). Der Neubau erhielt den Namen ADELHEID und war bei einer Länge von 31,06 m, einer Breite von 6,72 m und einer Tiefe von 2,86 m zu 168 BRT vermessen. Der Schoner erwies sich als hervorragender Segler, der eine ganze Reihe ähnlicher Bauten nach sich ziehen sollte.

Die deutschen Eignerkapitäne standen dem Schiffbaumaterial Stahl zunächst abwartend gegenüber, und die ersten stählernen Gaffelschoner wurden fast ausschließlich von Mehrschiffs-Reedereien betrieben. Aber ab etwa 1890 ließen auch die Gilden stählerne Segler zur Versicherung zu, und in verhältnismäßig kurzer Zeit sprach sich herum, daß man auf Stahlschiffen kleinere Leckagen, die man bisher mit Kalfatern und »Füttern« mit Sägespänen unter Kontrolle gehalten hatte, ohne größere Schwierigkeiten mit verpallten Speckschwarten oder dem Bau von Zementkästen erfolgreich vorübergehend abdichten konnte. Auch erkannte man bald, daß die stählernen Segler weit weniger reparaturanfällig waren, hinsichtlich der allgemeinen Instandhaltung keine so hohen Ansprüche stellten und vor allem infolge ihres geringeren Eigengewichts ein größeres Ladevermögen hatten als ihre hölzernen Vorgänger. An Deck blieb ohnehin der vertraute Anblick erhalten, da auf den meisten stählernen Kleinseglern die Masten und Spieren weiterhin in Holz ausgeführt wurden. Und so war bereits für die Zeit vor dem Ersten Weltkrieg eine deutliche Hinwendung der Reeder und Eigner zum stählernen Schiff festzustellen. Betrug bei den Gaffelschonern der Anteil an stählernen Fahrzeugen um 1900 knapp 25 %, so steigerte er sich bis 1914 auf nahezu 50 %. Dieser Trend setzte sich später fort, und im Jahre 1928 kam mit der in Ueckermünde vom Stapel gelaufenen und zu 66 BRT vermessenen Galeaß KARL der Bau hölzerner Frachtsegler in Deutschland endgültig zum Erliegen. Lediglich beim Bau kleinerer Fischerei- und Spezialfahrzeuge fand das Schiffbaumaterial Holz weiterhin Verwendung.

Jachtschoner HERMINE

Die nach der Jahrhundertwende auf deutschen Werften gebauten hölzernen Gaffelschoner wiesen, wie eingangs schon gesagt, fast ausschließlich die »dänische« Rumpfform auf. Auslöser dieser Entwicklung war offensichtlich ein wahrer Boom im Bau derartiger Fahrzeuge, der um 1890 im dänischen Marstal einsetzte und von dort auf die deutsche Küste übergriff. Werften in Pommern, dann aber auch an der Westküste Schleswig-Holsteins und an der Elbe übernahmen die Jachtschoner in ihr Programm.

Auch der letzte in Hamburg gebaute hölzerne Frachtsegler war ein Jachtschoner. Dieses Fahrzeug entstand im Jahre 1904 auf der Werft von Joachim Behrens in Finkenwerder und erhielt den Namen HERMINE. Auftraggeber war der damals 35jährige Schiffer Hinrich Bardenhagen aus Cranz.

Die HERMINE war zu 82 BRT vermessen und hatte bei einer Ladefähigkeit von etwa 120 t die Hauptabmessungen von 22,03 m Länge, 6,20 m Breite und 2,90 m Tiefe. Über dem für die Jachtschoner typischen, nach außen gekrümmten Vorsteven fuhr das Schiff das aus einer Spiere bestehende, neuere Vorgeschirr, das die früher auf größeren Fahrzeugen übliche Unterteilung in Bugspriet und Klüverbaum ersetzte. Statt der Masten mit Stenge hatte man die HERMINE mit rationelleren Pfahlmasten versehen. Hinter dem Großmast stand ein kleines Deckshaus mit Kombüse; über dem herzförmigen Spiegel waren die Davits angeordnet, in denen das Rettungsboot quer zur Mittschiffslinie hing.

Dem Linienriß nach zu urteilen, muß die HERMINE ein ausgezeichneter Segler gewesen sein, und man erinnert sich auf der heute noch existierenden Behrens-Werft, daß die dort gebauten

Schoner unter günstigen Bedingungen sogar den schnellen Hochsee-Fischkuttern den Spiegel gezeigt haben sollen.

Bereits 1907 ging der Schoner als EMMA in den Besitz des Eignerkapitäns Hans Rönna aus Erfde bei Schleswig über. Das Schiff machte damals die üblichen Reisen wie etwa mit Kreide von Stevns (Seeland) nach Libau, mit Getreide von Danzig nach Dänemark, mit Erbsen von Pillau nach Schweden, mit Granitsteinen für den Straßenbau von Åhus nach verschiedenen deutschen Nord- und Ostseehäfen und mit Bauholz von Finnland nach Rendsburg und Hamburg.

Im Jahre 1917 erwarb der Rendsburger Schiffer Claus Jess die EMMA für 25.000,— Mark. Im Zuge der allgemeinen Motorisierung ließ er 1925 eine 50-PS-Hilfsmaschine der Firma Deutz ein-

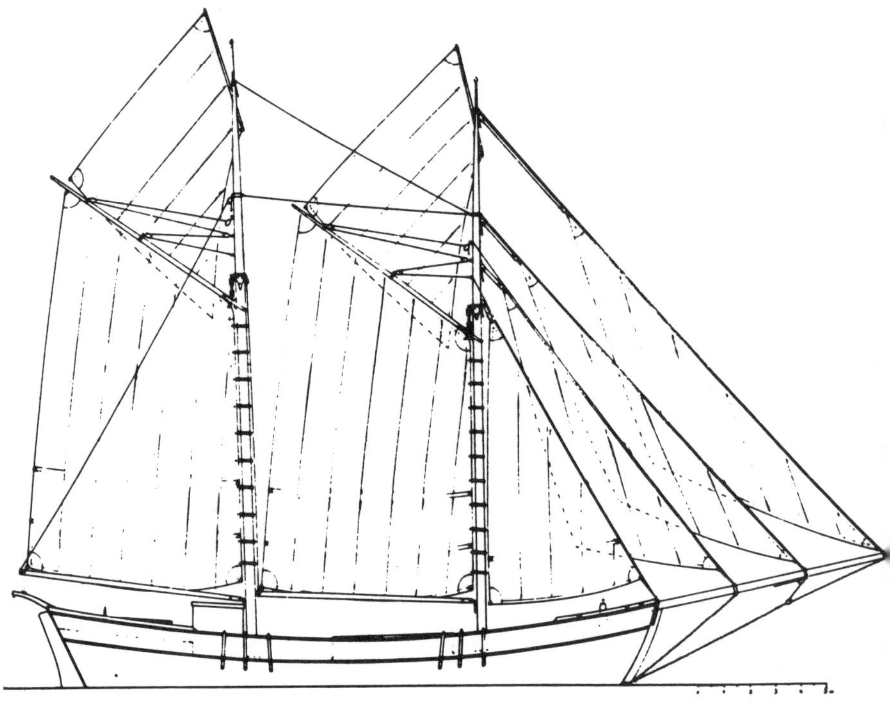

Segelriß der HERMINE. (Rekonstruktionszeichnung: Joachim Kaiser / Aus: Piekfall Nr. 28)

bauen; im darauffolgenden Jahr aber verkaufte er das Schiff.

Die EMMA segelte nun unter Wilhelm Beckmann weiter in ihrem alten Revier. Aufgrund der wirtschaftlichen Entwicklung erwies sich der Schoner für die Nord- und Ostseefahrt jedoch allmählich als zu klein, und die mit zunehmendem Alter immer häufiger anfallenden Reparaturen ließen einen ökonomischen Be-

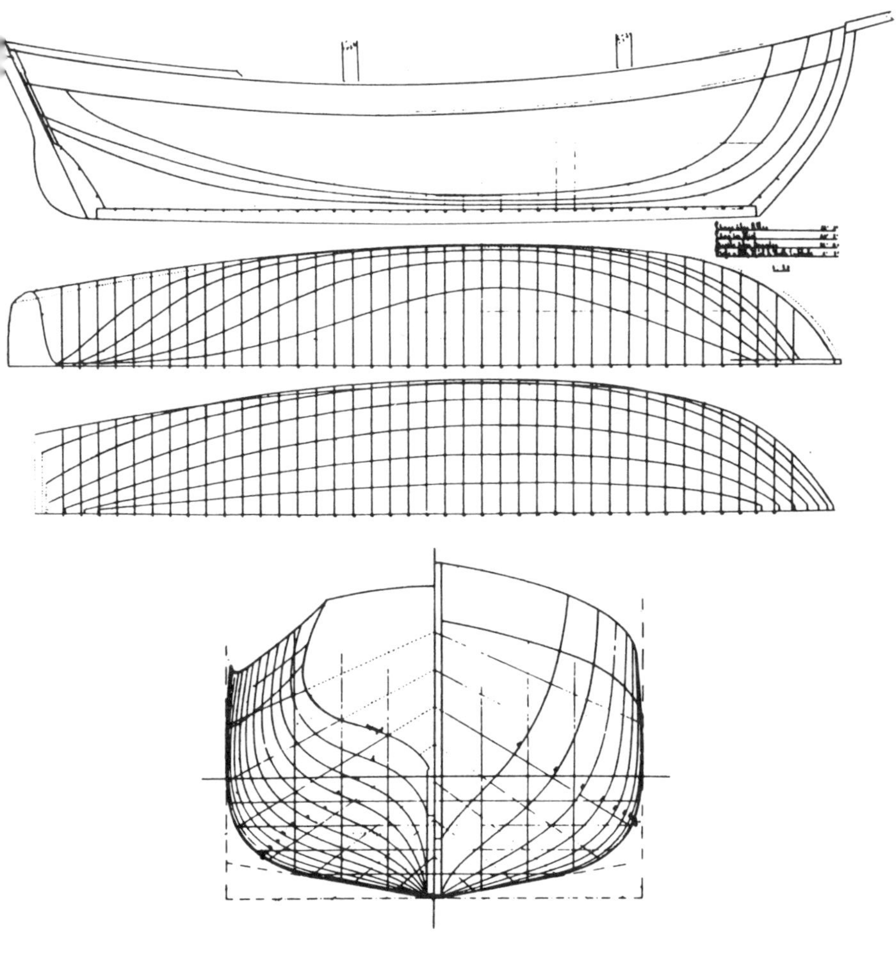

Linienrisse der HERMINE. (Zeichnung: Archiv Behrens-Werft / Aus: Oevelgönner Courier Nr. 4)

trieb schwieriger werden. Daher ergriff Beckmann 1934 die günstige Gelegenheit, den Schoner nach Schweden verkaufen zu können, wo er unter dem Namen WEGA in das Schiffsregister eingetragen wurde.

Unter verschiedenen Eignern fuhr die WEGA — nach und nach zum reinen Motorschiff abgetakelt — bis 1962 als Inselversorger in den Schärengewässern; dann war das Ende ihrer wirtschaftlichen Nutzung gekommen.

In den folgenden Jahren verkam der ehemalige Frachter als Freizeitschiff mit häufig wechselnden Eignern immer mehr, und es ist fast ein Wunder, daß Joachim Kaiser — exzellenter Kenner und Autor in Sachen traditioneller Kleinschiffahrt und engagierter Vorkämpfer für die Erhaltung und Restaurierung ihrer Restbestände — den Schonerrumpf 1979 in Schweden fand und identifizierte. Die Entdeckung leitete einen von zunächst großem Enthusiasmus getragenen Rettungsversuch ein. Mit Spendengeldern wurde das wieder in HERMINE umbenannte Schiff 1981 von einer Gruppe deutscher Segelschiff-Fans erworben und in einem Küstenmotorschiff nach Hamburg überführt.

Den ursprünglichen Plan, aus dem verrotteten Rumpf wieder einen seetüchtigen Schoner unter Segeln zu machen, mußte man aber schließlich aufgeben. Die beträchtlichen Mittel, die eine notwendige völlige Neuverzimmerung erfordert hätte, waren trotz größter Bemühungen nirgends aufzutreiben. Um die kaum noch schwimmfähige Hulk nicht einem Abwracker in die Hände fallen zu lassen, wurde die HERMINE daher aufs Trockene gesetzt. In ein solides Lager gebettet, fand der Schoner 1982 am Schleusenpriel in Cuxhaven als Exponat des dortigen Wrackmuseums seinen endgültigen Liege- und Ehrenplatz an Land. Die Außenbeplankung, die Bemastung und das stehende Gut sind inzwischen wieder soweit hergerichtet, daß das Schiff dem interessierten Besucher und Betrachter ein eindrucksvolles Bild eines früheren hölzernen Küstenseglers bietet. Die Arbeiten zur Restaurierung des Decks und der Inneneinrichtungen sollen im Frühjahr 1990 abgeschlossen sein.

Ausbildung und Schiffsbesetzung

Wer vor dem Ersten Weltkrieg Seemann im Decksdienst der deutschen Handelsschiffahrt werden wollte, mußte nach der Seemannsordnung das vierzehnte Lebensjahr vollendet haben. So gingen die jungen Leute in der Regel mit vierzehn oder fünfzehn Jahren zur See, nachdem sie die Volksschule abgeschlossen hatten. Amtlich in die Gemeinschaft der Berufsseeleute aufgenommen war man mit der Aushändigung eines Seefahrtbuches. Dies war nicht nur Ausweis, sondern enthielt auch jede An- und Abmusterung und galt damit als Nachweispapier von Seefahrtzeiten für den eventuellen Besuch einer Navigationsschule und für die Versicherungs-

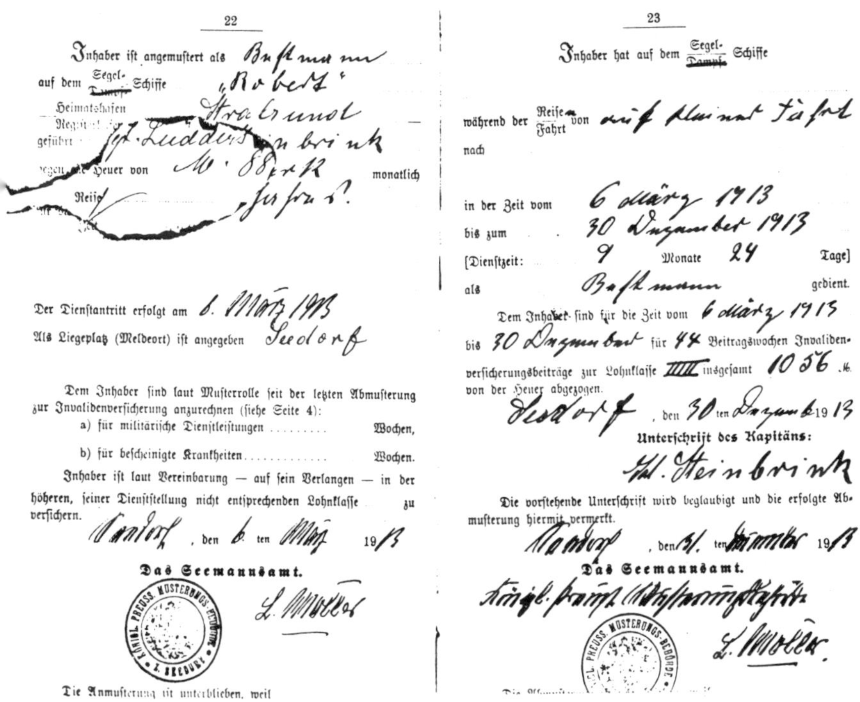
22

Inhaber ist angemustert als Bestmann
auf dem Segel-/Dampf-Schiffe „Robert"
Heimatshafen Stralsund

Der Dienstantritt erfolgt am 6. März 1913
Als Liegeplatz (Meldeort) ist angegeben Seedorf

Dem Inhaber sind laut Musterrolle seit der letzten Abmusterung zur Invalidenversicherung anzurechnen (siehe Seite 4):
a) für militärische Dienstleistungen .... Wochen,
b) für bescheinigte Krankheiten .... Wochen.
Inhaber ist laut Vereinbarung — auf sein Verlangen — in der höheren, seiner Dienststellung nicht entsprechenden Lohnklasse zu versichern.
Seedorf, den 6ten März 1913
Das Seemannsamt.
L. Möller

Die Anmusterung ist unterblieben, weil

23

Inhaber hat auf dem Segel-/Dampf-Schiffe
während der Reise/Fahrt von auf kleiner Fahrt
nach
in der Zeit vom 6 März 1913
bis zum 30 Dezember 1913
[Dienstzeit: 9 Monate 24 Tage]
als Bestmann gedient.
Dem Inhaber sind für die Zeit vom 6 März 1913 bis 30 Dezember für 44 Beitragswochen Invalidenversicherungsbeiträge zur Lohnklasse IIII insgesamt 10 56 M. von der Heuer abgezogen.
Seedorf, den 30ten Dezember 1913
Unterschrift des Kapitäns:
H. Steinbrink.
Die vorstehende Unterschrift wird beglaubigt und die erfolgte Abmusterung hiermit vermerkt.
Seedorf, den 31. ten Dezember 1913
Das Seemannsamt.
Königl. Preuß. Musterungsbehörde
L. Möller.

Seefahrtbuch von Albert Kronewitz, der 1913 auf dem Stralsunder Gaffelschoner ROBERT als Bestmann angemustert hatte. (Original im Besitz der Familie Mierendorff, Sinsheim) zugehörigkeit. Voraussetzung für die Ausstellung eines Seefahrtbuches war unter anderem die Vorlage einer Einverständniserklärung der Eltern. Der noch minderjährige Berufsanfänger erhielt damit das Recht, Arbeitsverhältnisse selbständig einzugehen und aufzulösen. Zwar gab es schon kurz nach der Jahrhundertwende so etwas wie Lehrverträge auf einigen Schulschiffen, allgemeinverbindlich wurden sie jedoch erst zu Beginn der 1960er Jahre eingeführt, so daß nun jeder angehende Seemann für die Zeit der Ausbildung zum Matrosen an eine bestimmte Reederei gebunden war.

Die Schiffahrtsverhältnisse in Deutschland boten auch aus mittellosen Familien stammenden Jungen die Chance, Schiffsführer in der kleinen oder großen Fahrt zu werden. Ein strebsamer Seemann konnte sich während der unumgänglich zu absolvierenden Seefahrtzeiten als Schiffsjunge, Leichtmatrose und Matrose bei freier Unterbringung und Verpflegung an Bord das für den Besuch einer Navigationsschule erforderliche Geld aus eigener Kraft zusammensparen, während die Verhältnisse an Land die unteren sozialen Schichten des Kaiserreichs weitgehend von höherer Bildung und beruflichem Aufstieg ausschlossen. Diese Tatsache sorgte mit dafür, daß in jenen Jahren in allen Bereichen der Seefahrt trotz der Härten des Berufes sowohl geeigneter Nachwuchs als auch erfahrene Seeleute in ausreichender Zahl vorhanden waren. Grundlage der seemännisch-nautischen Ausbildung war die »Bekanntmachung betreffend die Prüfung der Seeschiffer und Seesteuerleute auf deutschen Kauffahrteischiffen vom 25. September 1869 aufgrund § 31 der Gewerbeordnung für den Norddeutschen Bund vom 21. Juni 1869«. Die Verordnung wurde später vom Deutschen Reich übernommen, und nach kleineren Änderungen in den Jahren 1888 und 1904 galt bis zur Neufassung von 1925/31 die nachstehende Regelung.

Das kleinste nautische Patent, »Schiffer auf Küstenfahrt«, berechtigte zum Führen von Schiffen jeder Größe in der Nahfahrt (Tagesfahrten bis zu 50 sm von der Küste) sowie zum Führen von Frachtschiffen bis zu 200 m^3 (70,5 RT) in der Nordsee von Antwerpen bis zum Aggerkanal unter Einschluß von Helgoland sowie in der Ostsee südlich von Frederikshavn im Kattegat, entlang der schwedischen Küste von Göteborg bis Kalmar unter Einschluß von Bornholm und Öland und entlang der südlichen Ostseeküste bis Windau (heute Ventspils). Voraussetzungen für die Erlangung des Patents waren eine mindestens 50monatige Fahrzeit, davon mindestens zwölf Monate auf Segelschiffen, und eine erfolgreich abgelegte Prüfung, auf die man sich privat vorbereiten konnte.

Mit dem nächst höheren Patent, »Schiffer in der kleinen Fahrt«, konnten Schiffe jeder Größe in der Nahfahrt sowie Frachtschiffe bis zu 400 m^3 (141 RT) in der Nordsee bis 61 ° Nord, in der Ostsee und im Englischen Kanal geführt werden. Dazu erforderlich waren mindestens 60 Monate Fahrzeit, davon mindestens zwölf Monate auf Segelschiffen nach dem vollendeten 18. Lebensjahr, sowie eine erfolgreich abgeschlossene Prüfung nach einem viermonatigen Lehrgang an einer der Navigationsschulen.

Mit diesen beiden Patenten waren an sich die Bedürfnisse der Nord- und Ostseefahrer voll abgedeckt. Nicht wenige angehende Schiffer zogen es dennoch vor, das Befähigungszeugnis zum »Seesteuermann« zu erwerben. Dieses Patent berechtigte zum Dienst als Steuermann auf Schiffen jeder Größe und in allen Fahrtgebieten und schloß gleichzeitig die Befugnisse eines Schiffers auf Küstenfahrt und in der kleinen Fahrt mit ein. Außerdem konnte der frisch gebackene Seesteuermann als Freiwilliger für ein Jahr in die Kaiserliche Marine eintreten und somit die seinerzeit erst drei- und ab 1891 zweijährige Wehrpflicht erheblich verkürzen. Wer Seesteuermann werden wollte, mußte mindestens 33 Monate Fahrzeit nach dem vollendeten 15. Lebensjahr nachweisen, ferner mindestens zwölf Monate als Matrose auf Rahseglern und einen mit erfolgreicher Prüfung abgeschlossenen achtmonatigen Lehrgang an einer der Navigationsschulen. Da als Matrose auf Segelschiffen nur anmustern konnte, wer auch als Decksjunge und Leichtmatrose wenigstens jeweils ein Jahr unter Segeln gefahren hatte, ergab sich für die Anwärter auf das Seesteuermannspatent eine erforderliche Segelschiffsfahrzeit von mindestens drei Jahren.

Der Vollständigkeit halber sei hier auch noch das höchste nautische Patent genannt, das Befähigungszeugnis zum »Schiffer auf großer Fahrt«, mit dem Schiffe jeder Größe in allen Fahrtgebieten geführt werden konnten. Voraussetzungen zur Erlangung dieser Qualifikation waren eine mindestens 24monatige Fahrzeit als Steuermann nach der Ablegung der Prüfung zum Seesteuermann, der

Nachweis schriftlicher Aufzeichnungen über astronomische Beobachtungen sowie die erfolgreich abgelegte Prüfung nach einem fünfmonatigen Navigationslehrgang. Hinzuzufügen ist noch, daß der Besuch der Navigationsschulen — nach dem Ersten Weltkrieg sprach man von Seefahrtschulen — erst ab 1925 zwingend vorgeschrieben war. In der Praxis mußten jedoch auch vorher schon die Kurse in der angegebenen Länge absolviert werden, um mit einiger Aussicht auf ein positives Ergebnis sich zur Prüfung zu melden.

Alle Patentinhaber wurden auf ausreichendes Farbunterscheidungsvermögen untersucht und mußten erfolgreich an einem Erste-Hilfe-Kursus teilgenommen haben. Getrennte nautische Befähigungszeugnisse für Dampfer und Segelschiffe — wie z.B. in England und Norwegen — hat es in Deutschland nie gegeben. Bestrebungen dieser Art wurden stets mit dem richtigen Hinweis abgewiesen, daß man den Nautikerstand nicht noch in weitere Klassen unterteilen wolle. Die mit dieser Überlegung verbundenen obligatorischen Segelschiffsfahrzeiten für alle angehenden Nautiker haben dann außerdem dafür gesorgt, daß in Deutschland der Segelschiffahrt stets ein ausreichend großes Reservoir an Nachwuchsseeleuten zur Verfügung stand.

Die Schiffsbesetzung in der Nord- und Ostseefahrt war nach 1904 so geregelt, daß auf Schiffen über 400 m^3 (141 RT) neben dem Schiffer ein Steuermann an Bord sein mußte. Auf kleineren Fahrzeugen fungierte als rechte Hand des Schiffsführers der sogenannte Bestmann, in der Regel ein besonders erfahrener und vertrauenswürdiger Matrose, der auch schon einmal eine Wache auf See selbständig übernehmen konnte. Häufig fuhren als Bestmann aber auch Neulinge mit dem Schifferpatent auf Küstenfahrt oder für die kleine Fahrt, um sich erst praktische Kenntnisse in der Schiffsführung anzueignen, bevor sie selbst einen Segler als Kapitän übernahmen. Diese Zeit diente auch dazu, in Schifferkreisen bekannt zu werden und sich das Vertrauen der Gilden zu erwerben; denn wer später als Eignerkapitän Mitglied in einem der Versicherungsvereine der Küstenschiffer werden wollte, mußte »gildenanerkannt« sein, d.h. den Ruf eines fähigen und besonnenen Mannes besitzen. Und viele Seeleute der Nord- und Ostseefahrt nutzten ihre Fahrzeit als Steuermann oder Bestmann, um

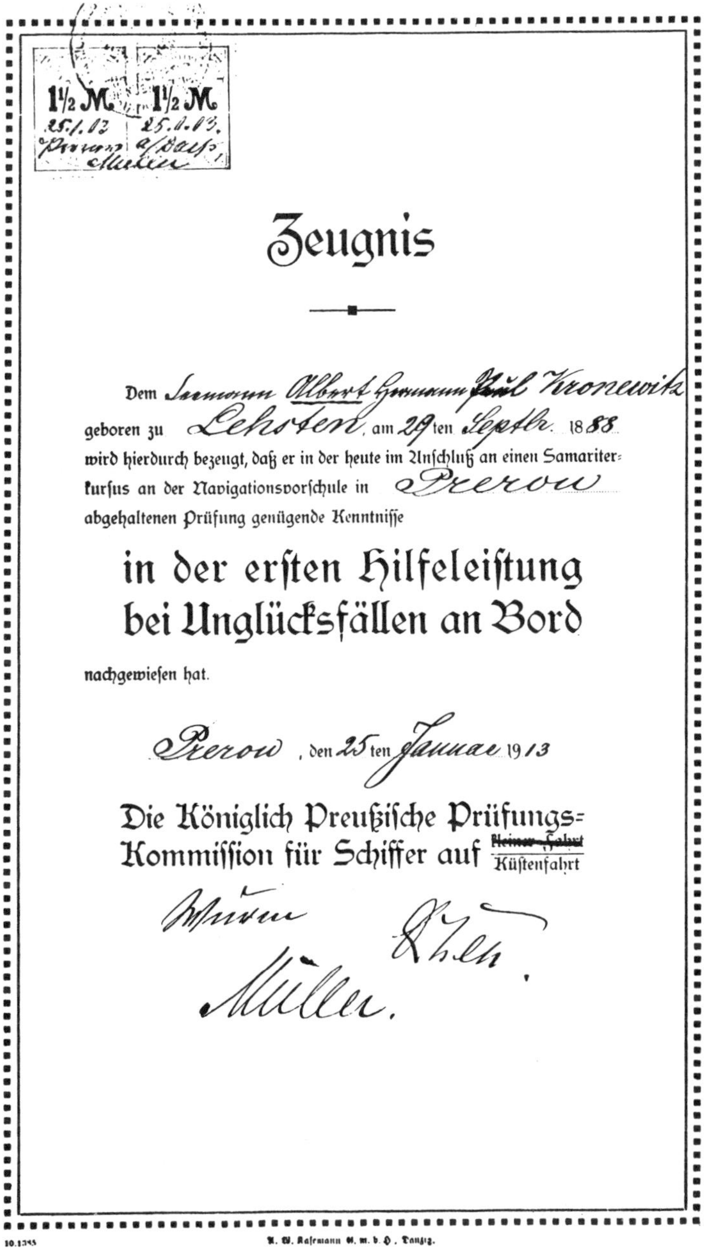

1½ M. 1½ M.
25.1.13 25.1.13
Prerow a/Darss
Müller

Zeugnis

Dem Seemann Albert Hermann ~~Paul~~ Kronewitz
geboren zu Lehsten, am 29ten Septbr. 1888
wird hierdurch bezeugt, daß er in der heute im Anschluß an einen Samariter-kursus an der Navigationsvorschule in Prerow
abgehaltenen Prüfung genügende Kenntnisse

in der ersten Hilfeleistung bei Unglücksfällen an Bord

nachgewiesen hat.

Prerow, den 25ten Januar 1913

Die Königlich Preußische Prüfungs-Kommission für Schiffer auf ~~Kleiner Fahrt~~ Küstenfahrt

Müller.

10.1383

A. W. Kafemann G. m. b. H., Danzig.

Erste-Hilfe-Zeugnis. (Original im Besitz der Familie Mierendorff, Sinsheim) ein kleines Grundkapital zur Finanzierung eines eigenen Fahrzeugs anzusammeln. Man mußte aber dann schon eisern sparen; denn große Sprünge ließen sich mit den damaligen Heuern nicht machen. So betrugen die Monatsverdienste um 1900 etwa 10 Mark für den Decksjungen (plus 10 Mark fürs Kochen), 35 Mark für Leichtmatrosen und rund 80 Mark für den Bestmann. Nach einiger Fahrzeit und Bewährung als Steuermann oder Bestmann ließ sich dann vielleicht mit einigem Glück eine besser dotierte Stelle als Setzschiffer finden, bevor man das erforderliche Geld beisammen hatte, um sich selbständig machen zu können. Als Setzschiffer war man an dem Umsatz beteiligt und führte den Segler eines Eignerkapitäns, der aus Gesundheits-, Alters- oder anderen Gründen nicht mehr selber fuhr.

Die Besatzung eines etwa 70 BRT großen Gaffelschoners setzte sich im allgemeinen aus dem Schiffer, einem Steuermann oder Bestmann, einem Matrosen oder Leichtmatrosen und einem Jungen zusammen. Ein 170-BRT-Dreimastgaffelschoner wurde gewöhnlich von sechs Leuten gefahren, und zwar dem Schiffer, dem Steuermann, zwei Matrosen, einem Leichtmatrosen und einem Jungen.

Die knappe Besetzung der Schiffe hatte zwangsläufig zur Folge, daß längere Reisen nur im Zwei-Wachen-System durchzuführen waren. In der Regel übernahm der Kapitän zusammen mit der einen Hälfte der Mannschaft die Wache von 6.00 bis 12.00 Uhr und von 18.00 bis 24.00 Uhr, während der Steuermann oder Bestmann mit der restlichen Besatzung die Wache von 12.00 bis 18.00 Uhr und von 0.00 bis 6.00 Uhr ging. Ein mindestens zwölfstündiger Arbeitstag war also das übliche, wenn nicht besondere Umstände die zusätzliche Anwesenheit der Freiwache an Deck erforderten. Dieses kräftezehrende Wachsystem, in das der Schiffsführer integriert ist, hat sich übrigens bis heute auf Frachtern bis zu 499 BRT in der kleinen Fahrt erhalten. Zwar wird für die erhebliche Abweichung von der 40-Stunden-Woche ein tariflich verankerter finanzieller Ausgleich gewährt, das ändert jedoch nichts an der Tatsache, daß von Seeleuten, die auf derartigen Schiffen ihren Dienst tun, ein besonderer Einsatz gefordert wird. Hinzu kommt, daß auch die »ungestörte« Freiwache an Bord nicht mit Freizeit, wie man sie an Land versteht, gleichgesetzt werden kann.

Leben an Bord

Die Lebensumstände an Bord der Nord- und Ostseefahrer wurden bis in die Zeit nach dem Zweiten Weltkrieg durchweg von einem patriarchalischen Verhältnis des Eignerkapitäns oder Setzschiffers zu seiner kleinen Mannschaft bestimmt. Die Seemannsordnung als gesetzliche Grundlage zur Aufrechterhaltung der Disziplin an Bord — unter Seeleuten in der Kurzfassung »Der Schiffer ist berechtigt … der Schiffsmann ist verpflichtet« bekannt — spielte eine untergeordnete Rolle. Dem kam entgegen, daß die Bildung einer echten »Schiffsfamilie« dadurch begünstigt wurde, daß Schiffer und Seeleute der Kleinschiffahrt seltener aus den großen Hafenstädten kamen, sondern weitaus häufiger aus den Dörfern und kleinen Ortschaften an der Küste. Nicht selten kannte man sich schon von Land her oder hatte gemeinsame Bekannte. Bedingt durch die kürzeren Seereisen und das nicht seltene Winterquartier waren die Bindungen an Land und das Interesse an den Vor-

Pump-Ankerspill und Logis-Niedergang auf einem restaurierten hölzernen Gaffelschoner des Baujahres 1906. (Foto: Verfasser, 1978)

gängen und Verhältnissen in der heimatlichen Gemeinde ausgeprägter als bei dem durchschnittlichen Fahrensmann der Tiefwasserfahrt. Dabei darf allerdings nicht übersehen werden, daß viele Schoner in der »wilden« Fahrt — also nicht in einem Liniendienst — eingesetzt waren. Die zahlreichen Häfen im Nord- und Ostseebereich und die ebenso vielen Möglichkeiten des Ladungstransports sorgten dafür, daß durchaus mehrere Monate vergehen konnten, bevor das Schiff wieder einmal den Heimathafen anlief.

Die beengten Räumlichkeiten auf den kleinen Seglern führten zwangsläufig zu einem ständigen Kontakt untereinander. Lediglich während der Nachtruhe kam es zu einer gewissen Trennung: Die Mannschaft schlief im Logis oder im Roof, der Schiffer in der Achterkajüte. Das Logis im Vorschiff hatte mit seinem dreieckigen Grundriß meistens zwei oder drei seitlich angeordnete Kojen und zwei schmale Schränke davor oder dahinter. Zwei Bänke und ein kleiner Klapptisch vervollständigten für gewöhnlich die spartanische Einrichtung. Gekocht wurde meistens im Roof, einem kastenförmigen Decksaufbau. Im Roof befanden sich im allgemeinen zwei weitere Bänke, die auch als Kojen benutzt werden konnten, dazwischen ein Klapptisch, an dem die gemeinsamen Mahlzeiten eingenommen wurden, und der Herd mit einem Kohlenkasten. Ähnlich wie das Logis, aber etwas geräumiger und komfortabler, war die achtern gelegene Kajüte des »Alten« eingerichtet. Größere Schoner besaßen am Ende des Achterdecks, hinter dem Steuerrad, ein festes Häuschen, das neben der Rudermechanik an der einen Seite ein Lampenspind und auf der anderen Seite ein Klosett beherbergte. Auf kleineren Fahrzeugen bestand die Toilette lediglich aus der »Huultünn«, einer kleineren tragbaren Tonne, die ihren Platz an Deck direkt hinter dem Vorsteven hatte. Dies entsprach der damaligen Logis-Verordnung, in deren § 12 es hieß: *Auf Segelschiffen von nicht mehr als 400 Kubikmeter Brutto-Raumgehalt (141 BRT) muß eine sichere Abortsitzgelegenheit, die beweglich sein darf, vorhanden sein.*

Die Verpflegung war meist einfach und kräftig; die geschmackliche Qualität variierte mit den Künsten des Decksjungen, der in der Regel für die Kocherei zuständig war. Die ausreichende Verproviantierung war an sich immer sichergestellt und brachte im

Das transportable, an Deck eines 1919 gebauten Dreimastschoners gezurrte Häuschen zeigte seinen Zweck durch ein Herz in der Tür an. (Foto aus: Kehrwieder 7/1981)

allgemeinen keine Probleme mit sich. Dennoch waren — ebenso wie auf den Großseglern — Hartbrot, Pökelfleisch, Mehlspeisen sowie getrocknete Erbsen, Linsen und Bohnen die Hauptbestandteile der Mahlzeiten. Auf diese haltbaren Nahrungsmittel konnte nicht verzichtet werden, solange man ohne maschinellen Hilfsantrieb fuhr und an Bord noch keine Kühlschränke kannte, da bei ungünstigem Wind die übliche Reisedauer leicht erheblich überschritten wurde. So benötigte beispielsweise einmal die

FORTUNA II, ein aus Barth stammender, zweimastiger, typischer Jachtschoner von 120 Ladetonnen, wegen widriger Winde und anhaltendem Nordwest-Sturm im Sund rund vier Wochen für die Reise von Stettin nach Falkenberg an der Westküste Schwedens. Bei guter Brise und einer Durchschnittsgeschwindigkeit von 5 kn durchsegelte man diese Strecke sonst in zwei Tagen! Nach Ankunft im Hafen wurde in der Regel ausreichend Frischproviant übernommen. Um die von der Besatzung selbst durchzuführenden Ladungsarbeiten möglichst zügig zu gestalten, achtete der Schiffer in eigenem Interesse darauf, daß seine Leute *so verpflegt wurden, wie ein Bauer für seine Ackergäule sorgt; da alles per Hand erledigt werden mußte, gab es Kraftfutter.* So drückte es einmal Kapitän Karl Dräger auf seine amüsant-trockene Art aus.

Auf See konzentrierte sich die Arbeit auf die Vorwärtsbewegung des Schiffes, d.h. auf das Navigieren, das Steuern und die Bedienung der Segel. Rekordreisen, die so viele »Windjammer« der langen Fahrt berühmt gemacht haben, wurden dabei nicht angestrebt. War jedoch ein Mitsegler in Sicht, so ließ es sich kaum ein Schiffer nehmen, zu versuchen, diesen abzuhängen. Wie Wolfgang Rudolph berichtete, lagen kurz nach dem Ersten Weltkrieg der 1915 in Neuwarp gebaute Dreimastjachtschoner ARGUS (87 BRT) unter Kapitän Conrad Rätz und der etwa gleich große dänische Schoner HOLBERG gemeinsam in Kopenhagen, um Koks für Rønne auf Bornholm zu laden. Die beiden Schiffer waren ins Gespräch gekommen, und der Däne erwähnte ganz beiläufig, daß er den schnellsten Schoner der Ostsee habe und damit auf jeden Fall den Löschhafen früher erreichen würde, was Kapitän Rätz offensichtlich gar nicht gerne hörte. Beide Schiffe verließen den Hafen zur gleichen Zeit und steuerten bei mäßiger östlicher Brise nahezu Bord an Bord den Sund südwärts. Da man bei dieser Windrichtung Rønne nicht direkt ansteuern konnte, ging die HOLBERG anschließend dicht unter die schwedische Küste, in der Hoffnung, dort einen günstigen Land-Seewind zu finden. Die ARGUS lief dagegen südsüdostwärts weiter, da Kapitän Rätz darauf spekulierte, daß der Wind auf Süd drehen würde — und dies trat dann auch ein. Im auffrischenden Südwind ging die ARGUS mit flotter Fahrt Richtung Bornholm und kam in den frühen Morgenstunden vor Rønne an — von der HOLBERG noch keine Spur!

Als einige Stunden später der dänische Schoner vor der Hafeneinfahrt auftauchte, lief Kapitän Rätz triumphierend auf die Mole hinaus, um dem einsteuernden Konkurrenten schadenfroh zuzuwinken! Natürlich kann die HOLBERG dennoch der bessere Segler gewesen sein.

Bei gutem Wetter wurden Instandsetzungsarbeiten an Deck und in der Takelage durchgeführt. Die Segel konnten in den meisten Fällen von Deck aus gehandhabt werden, mit Ausnahme der Gaffeltoppsegel, die auf größeren Schonern oben im Rigg beim unteren Ende der Maststenge festgemacht werden mußten. Dieses erforderte bei zunehmendem Wind erhebliches seemännisches Geschick. Der bekannte Autor und Kapitän Alan Villiers, der Erfahrungen sowohl auf schweren Rahschiffen als auch auf kleinen Schonern sammelte, schrieb dazu in seinem »The Set of the Sails«: *... und dieser Kampf mit einem Gaffeltoppsegel hat sich in mein Gedächtnis als eine der bösesten Erfahrungen eingegraben, die ich je im Rigg eines Segelschiffes gemacht habe.*

Allein das Aufentern war an Bord kleiner Schiffe in schlechtem Wetter durch die heftigen Bewegungen im Seegang schon schwierig genug. Die Arbeit über Deck wurde durch das einfache Rigg nicht unwesentlich erschwert, da es dem Seemann nur wenig Halt bot und nicht das Gefühl der Sicherheit vermittelte wie das Labyrinth des stehenden und laufenden Gutes eines rahgetakelten Mastes. Dazu kam, daß das Festmachen des Toppsegels von einem einzelnen Mann bewerkstelligt werden mußte, da für einen zweiten einfach keine weitere Standmöglichkeit am Masttopp vorhanden war. Es muß schon bei stürmischem Wetter eine üble Arbeit gewesen sein, und nicht umsonst wurden junge Leute, die ihre seemännische Laufbahn auf einem Schoner begannen, erst dann als richtige Seeleute angesehen, wenn sie schon einmal unter widrigen Umständen den Kampf mit einem Gaffeltoppsegel bestanden hatten.

Ebenfalls wichtig war es natürlich, daß die nur wenigen Leute an Bord gut aufeinander eingespielt waren, um auch in dunkler Nacht oder in außergewöhnlichen Situationen klarzukommen. Kapitän Willy Klünder, Setzschiffer an Bord des 1921 in Wollin aus Eichen- und Buchenholz gezimmerten Stralsunder Dreimastschoners ANTARES II (115 BRT), berichtete von einer derartigen besonderen Begebenheit im Heft 9/1982 der »Deutschen Küstenschiffahrt«: Das Schiff hatte im Sommer 1923 Hudiksvall in Nordschweden mit einer an Deck 1,80 m hoch gestauten Holzladung verlassen und Kurs auf den Bestimmungshafen Kopenhagen genommen. An Bord befanden sich neben dem Schiffsführer ein Bestmann, ein Matrose, ein Leichtmatrose und zwei Schiffsjungen.

Ein leichter Nordwind führte den Segler zunächst bis an dem Understen-Leuchtturm am Nordeingang der Ålandsee vorbei, schlief dann aber gegen Abend völlig ein. Nachts wurde die ANTARES II bei spiegelglatter See und mäßiger Sicht von einer Strömung südwärts versetzt und näherte sich dabei langsam der Küste, ohne daß jemand an Bord etwas davon merkte. Im Dunst des ersten Morgengrauens sah Kapitän Klünder dann plötzlich zu seinem Entsetzen dicht voraus und zu beiden Seiten des Schiffes hohe kahle Felsklippen. So schnell wie möglich wurden die Segel gefiert und der Backbordanker fallengelassen.

Nachdem man sich von dem ersten Schrecken erholt hatte und die Sicht besser wurde, erkannte der Schiffer, daß man in einer engen, mit Felsspitzen bespickten, einsamen Bucht an der Nordseite der kleinen Insel Byholma in der Nähe von Grisslehamn lag. Was aber machen bei der totalen Flaute und der auflandigen Strömung? Zunächst setzte man ein Boot aus und lotete um das Schiff herum, wobei man Wassertiefen von etwa 15 m feststellte. Dann wurde der Warpanker klargemacht und ans Heck des Bootes gekattet, eine Warpleine angesteckt, die man mit Hilfe der Vor- und Großtoppsegelfallen auf über 200 m Länge gebracht hatte, und das ganze endlich nordwärts zur Öffnung der Felsenbucht gerudert, wo der Warpanker geschlippt wurde.

Anschließend begann das Hieven des Backbordankers. Diese Arbeit aber, die sonst bei 15 m Wassertiefe nur zehn Minuten in Anspruch nahm, sollte wider Erwarten über zwei Stunden dauern; denn der Anker rührte sich zunächst nicht von der Stelle. Erst nachdem zur Unterstützung des Spills eine schwere Talje auf die Ankerkette gesetzt worden war und nun alle Kräfte gemeinsam und gleichzeitig eingesetzt wurden, konnte er langsam und Stück für Stück an die Wasseroberfläche gebracht werden; aber

Blick vom Vorgeschirr eines Dreimastgaffelschoners über die Schnittholz-Deckslast hinweg nach achtern. (Foto: Svensk Sjöfarts Tidning)

er kam nicht allein — über seinen Flunken hing das armdicke, von Schweden nach Finnland führende Telegraphenkabel, das in dieser Bucht landete und das ausgerechnet der Anker der ANTARES II zu fassen bekommen hatte! Das Kabel mußte nun von Bord aus mit Tampen abgefangen werden, um den Anker freifieren zu können; anschließend wurde das Kabel geschlippt, damit es wieder dorthin zurücksinken konnte, wo es hingehörte.

Danach verholte die Besatzung das schwer beladene Schiff mit Hilfe der Warpleine aus der gefährlichen Nähe der Klippen. Alles mußte per Hand geschehen, da die Winden unter der Deckslast eingestaut waren. Während dieser Arbeit kam eine nördliche Brise auf. Über dem Warpanker angelangt und frei von den Felsen, wurden daher sofort die Segel gesetzt, um möglichst schnell Fahrt aufnehmen zu können. Den Warpanker beließ man an einem kürzeren Leinenende mit einem Fender als Boje bezeichnet an seinem Ort.

Nachdem die ANTARES II ein Stück seewärts gesegelt und damit außer Gefahr war, konnte Kapitän Klünder es aber nicht übers Herz bringen, den sich als so nützlich erwiesenen Warpanker einfach zurückzulassen. Erneut gingen vier Mann ins Boot zum Ankerfischen, während der Schiffer mit Unterstützung des einen Decksjungen den Dreimaster frei von der Küste hielt.

Der Wind frischte nun aber rasch auf, so daß das Boot in der kurzen kabbeligen See in Schwierigkeiten kam. Kapitän Klünder mußte sich deshalb zu dem riskanten Manöver entschließen, mit seinem Schiff bei auflandigem Wind und mit nur zweiköpfiger Besatzung wieder auf die Küste zuzusegeln, um das in Bedrängnis geratene Boot mit seinen Insassen aufnehmen zu können. Mit Glück und viel seemännischem Geschick gelang dies gerade noch rechtzeitig, bevor eine kräftige Bö den Dreimaster hart überholen ließ: Es war nun wirklich an der Zeit, seewärts zu halten! In der inzwischen steifen Brise wurde der Besan weggenommen, das Schonersegel einmal und das Großsegel zweimal gerefft, und mit kräftigem achterlichem Wind und 8 bis 9 kn Fahrt verließ die ANTARES II den Ort der aufregenden Ereignisse. Daß er den Warpanker und etliche Meter bester Manilatrosse verloren hatte, bedrückte den sparsamen Schiffer trotz allem, gleichzeitig war er aber auch stolz auf seine Besatzung,

Im alten Eiderhafen von Friedrichstadt liegen im Sommer 1912 mehrere hölzerne Toppsegel- und Gaffelschoner. (Foto: Sammlung K. Clausen, Wilhelmshaven)

ohne deren Können und Einsatz *die* ANTARES II *wohl in den Schären geblieben wäre.*

Anstrengende Arbeit gab es nicht nur auf See, sondern zum Beispiel auch beim mühseligen Verholen im Hafen ohne Schlepperhilfe. Die schwerste körperliche Arbeit war jedoch im allgemeinen beim Laden und Löschen zu leisten, wenn die Ladung von der Mannschaft mit Hilfe der Handwinde an beziehungsweise von Bord gewinscht werden mußte. Dabei fiel der Besatzung nicht nur die Aufgabe zu, das primitive, schwergängige Ladegeschirr zu bedienen, sondern sie übernahm auch das Stauen im Laderaum des Schiffes. Dieses schweißtreibende Geschäft war oft genug mit Schmutz und Staub verbunden; denn meistens wurden Massengüter befördert.

Der Schiffer beteiligte sich in der Regel an allen Arbeiten und unterschied sich im Bordbetrieb auch im Äußeren kaum von den übrigen Besatzungsmitgliedern. Er trug wie sie gewöhnlich das besonders beliebte blaue Arbeitshemd mit schmalen weißen Streifen, derbe einfache Hosen und häufig die an der Küste weit verbreiteten Holzschuhe.

Im Löschhafen gehörte es zu den wichtigsten Aufgaben des Kapitäns, eine Anschlußladung zu besorgen. Er suchte persönlich einen ihm genehmen Schiffsmakler auf und wartete dort zusammen mit anderen Kollegen auf das Angebot zum Transport einer Ladung zu einer angemessenen Frachtrate. Das Verfahren, daß Waren durch den Schiffseigner aufgekauft, dann verschifft und auf eigene Rechnung wieder abgesetzt wurden, war unter dem Einfluß der wachsenden Bedeutung des Kaufmannsstandes und des unüberschaubarer werdenden Güter- und Warenaustauschs von den Küstenschiffern bereits in der zweiten Hälfte des 19. Jahrhunderts nahezu völlig aufgegeben worden. Man betrieb nun ausschließlich Schiffahrt, indem gegen Entgelt (Fracht) die Beförderung fremder Güter übernommen wurde. Die Vermittlungsgeschäfte waren Sache der Makler.

Im Winter wurden die Küstensegler, die nicht ausschließlich in der oft eisfreien Nordsee verkehrten, aufgelegt und zwar nach Möglichkeit in der Nähe des Wohnsitzes des Reeders oder Schiffers. In den Monaten November und Dezember setzt im durchschnittlichen Eiswinter die Vereisung der küstennahen Gewässer der Ostsee ein, und dann mußte man zu Hause sein, wollte man nicht gezwungen werden, in einem fremden Hafen überwintern zu müssen. Die neue Saison begann bei entsprechendem Eisrückgang im allgemeinen im März. Bei schmalem Geldbeutel und milderem Winter wurde aber auch schon einmal auf das Winterquartier verzichtet. Dies lohnte sich jedoch nur bei günstiger Frachtenlage, da für die Winterfahrt erheblich höhere Versicherungsprämien zu zahlen waren.

Während der Winterliegezeit fanden die Versammlungen der Versicherungsgilden der Küstenschiffer statt. Sie boten den Eignern die Möglichkeit, von ihrem Mitspracherecht Gebrauch zu machen und untereinander einen intensiven Erfahrungsaustausch zu pflegen. Daneben wurden am Schiff kleinere Arbeiten durchgeführt und nötigenfalls Maßnahmen ergriffen, um bei starkem Eisgang die Auflieger vor Schäden zu bewahren. Die abgemusterten Mannschaftsmitglieder verdingten ihre Arbeitskraft in ei-

Eine stählerne Motorgaleaß und ein hölzerner Jachtschoner haben im Jahre 1922 ihr Winterlager in Egernsund an der Flensburger Förde bezogen. (Foto: Städtisches Museum Flensburg / Aus J. Kaiser: Küstenscenerie)

nem Landbetrieb, bereiteten sich auf den Erwerb eines Patentes vor oder suchten sich eine Stellung in der Großschiffahrt — über lange Zeit hinweg galt die Kleinschiffahrt geradezu als Schule für die große Fahrt. Der Verzicht auf die geruhsame Winterliegezeit unter dem Druck der Entwicklungen in den späteren Jahren war wohl mit eine der einschneidendsten Veränderungen im Leben der Nord- und Ostseefahrer. Dieser Vorgang war allerdings ein allmählicher, und selbst in den ersten Jahren nach dem Zweiten Weltkrieg, als längst schon alles motorisiert war, gab es nicht wenige Eignerkapitäne, die alles daransetzten, um mit ihrem Schiff wenigstens über Weihnachten und Neujahr im Heimathafen zu sein. Bei den hohen finanziellen Belastungen, die heute ein modernes Küstenschiff zu tragen hat, kann dagegen auf keinen Tag, an dem Geld zu verdienen wäre, verzichtet werden. Hinzu kommt, daß in neuerer Zeit die Nord- und Ostseefahrer im Gegensatz zu früher überwiegend in längerfristigen Zeitchartern beschäftigt sind. Solange ein derartiger Vertrag läuft, werden die durchzuführenden Reisen des Schiffes von der Charterfirma und nicht mehr von dem Eigner selbst bestimmt.

Unter Segeln

Der Gaffelschoner AUDA befand sich in den 1920er Jahren im Besitz des Eignerkapitäns Wilhelm Weidt aus Lübeck. Das Schiff gehörte zu den wenigen unter deutscher Flagge segelnden hölzernen Fahrzeugen, die nicht auf einer unserer heimischen Werften entstanden waren; die AUDA wurde 1899 im Baltikum gebaut. Der Segler war bei einer Vermessung von 190 BRT nur zweimastig getakelt, so daß die entsprechend großen Gaffelsegel sicher nicht ganz leicht zu handhaben gewesen sein dürften und der sechsköpfigen Besatzung reichlich Arbeit bescherten. Ein anschauliches Bild aus dem Leben des Schiffes und aus den letzten Tagen der motorlosen Nord- und Ostseefahrt ist uns von Waldemar Petersen überliefert, der im Frühjahr 1924 als Schiffsjunge *für eine Monatsheuer von 23,— RM und Kost wie Schiffer* auf dem Schoner anmusterte.

Nach dem vor etlichen Jahren in der »Deutschen Küstenschifffahrt« veröffentlichten Bericht von Waldemar Petersen lag die AUDA im März 1924 in Hamburg, um eine volle Ladung Salpeter für Tisted am Limfjord zu übernehmen. Als die Beladung abgeschlossen war, wurde seeklar gemacht und ein Schlepper bestellt, der den Segler eben vor Stauwasser aus dem Hafenbereich in das Elbfahrwasser bis Neumühlen bugsierte. Währenddessen wurden die Segel gesetzt. Es wehte eine leichte westliche Brise, so daß man in mühseliger Arbeit bis zur Elbmündung hinauskreuzen mußte. Dies nahm zwei volle Tage in Anspruch, da nur mit mitlaufendem Gezeitenstrom Fahrt über Grund gemacht werden konnte.

Als die Nordsee endlich erreicht war, ging die AUDA mit halbem Wind auf nördlichen Kurs, so daß das ständige Wenden zunächst ein Ende hatte. Das günstige Wetter hielt jedoch nicht lange an. Auf der Höhe von Sylt drehte der Wind auf Nordwest und nahm allmählich auf Sturmstärke zu. Beide Wachen mußten wieder an Deck, um die Gaffeltoppsegel, den Jager und den Außenklüver zu bergen und das Schoner- und Großsegel zu reffen. Erneut mußte gekreuzt werden, um von der Westküste Jütlands freizubleiben. Mittlerweile hatte sich ein derartiger Seegang aufgebaut, daß das Schiff nicht mehr durch den Wind gebracht werden konnte und nur noch Halsemanöver in Frage kamen, wobei viel Höhe verloren ging. Das ursprünglich geplante Einlaufen in den Limfjord bei Thyborøn war bei der herrschenden Wetterla-

Ein Jachtschoner bei leichter achterlicher Brise auf der Elbe. (Fotoausschnitt: Sammlung Joachim Kaiser / Aus J. Kaiser: Küstenscenerie)

ge auch nicht mehr möglich, da schwere Brandung die ungeschützte Einfahrt versperrte. So mußte in unermüdlicher und zäher Arbeit das Schiff weiter nach Norden gebracht werden, bis man mit nordöstlichem Kurs in das Skagerrak eindrehen konnte. Nach dem Runden von Skagen ging es in ruhigeren Gewässern bis vor die Osteinfahrt des Limfjords, wo die AUDA vor Anker ging, um auf einen Schlepper zu warten, der das Schiff an Ålborg vorbei bis Tisted bringen sollte.

Nachdem in anstrengender Arbeit die nach Tisted bestimmte Ladung mit der schiffseigenen Handwinde gelöscht worden war, versegelte die AUDA zum Kalksteinladen nach Fakse Ladeplads auf Seeland; die Ladung war für eine Papiermühle in Härnösand am Bottnischen Meerbusen bestimmt. Bis zur Ålandsee verlief diese Reise bei flauen achterlichen Winden und einer Fahrt von 3 bis 4 kn reibungslos. Dann kam jedoch ein stark böiger Nordost auf, so daß wieder gekreuzt werden und bei jeder Wende die Freiwache mit an Deck mußte. Hart am Wind machte das Schiff in der kurzen steilen See viel Wasser, so daß die handgetriebene Lenzpumpe fast ständig in Gang war. Acht Tage benötigte man von der Ålandsee bis Härnösand, während man es beim Anhalten der vorangegangenen Wetterlage gut in zwei Tagen hätte schaffen können. Nach dem Löschen der Kalksteine ging das Schiff nach Sundsvall, um dort Schnittholz für den dänischen Hafen Middelfart zu laden.

Die im Sommer häufig schwachen Winde zogen die Hafenliegezeiten und Reisen oftmals ungewöhnlich in die Länge; denn zum Auslaufen ohne Motor und ohne Schlepperhilfe sowie zum Durchsteuern von Engen und Sunden mit Gegenströmung waren günstige kräftige Winde erforderlich. Auf einer Reise mit Holz von Yxpila in Finnland nach Sønderborg in Dänemark trieb die AUDA zusammen mit über vierzig anderen Seglern in einer totalen sommerlichen Flaute zehn Tage lang im Bottnischen Meerbusen. Die Seeleute besuchten sich täglich schwimmend gegenseitig auf den verschiedenen Schiffen. Was für die Mannschaften ein Vergnügen war, konnte Kapitän Weidt nur mit zusammengebissenen Zähnen betrachten; denn je länger die Reise dauerte, umso mehr wuchs die Gefahr, daß die Frachtrate nicht einmal mehr die Kosten deckte.

Die Zeit der »Flautenschieber«

Der Motorsegler ist ein Schiffstyp, der mit Rücksicht auf seine große Unabhängigkeit von Betriebsstoffen ... beim Wiederaufbau der deutschen Handelsflotte volle Beachtung finden sollte.

(VII. Seeschiffahrtstag, 1920)

Erste Versuche mit Hilfsmotoren

Selbst bei anscheinend totaler Flaute und spiegelglatter See konnte mit den hoch über Deck gesetzten Gaffeltoppsegeln oft noch eine nur in einiger Höhe über der Wasseroberfläche spürbare schwache Brise genutzt werden, um dem Schiff wenigstens soviel Fahrt zu verleihen, daß es steuerfähig blieb. Bei absoluter Windstille jedoch, wenn der Segler ins Treiben geriet, wurde auf kleineren Fahrzeugen gelegentlich das Beiboot ausgesetzt und mit kräftigen Ruderern bemannt, um das Schiff auf diese Weise in den vielleicht nicht mehr weit entfernten Bestimmungshafen oder auf eine passende Wassertiefe zum Ankern zu schleppen. In Anspielung auf die dabei zum Einsatz kommenden hölzernen Riemen sprachen die angelsächsischen Seeleute auch vom Setzen des »hölzernen Toppsegels«, und mit dem Aufkommen der ersten kleinen Hilfsmotoren, die zunächst nichts anderes als Flautenschieber waren, war dann entsprechend vom »eisernen Toppsegel« die Rede.

Die Verwendung maschineller Schiffsantriebe war durch die Entwicklung der Dampfmaschine in Gang gekommen. Dampfmaschinen arbeiteten jedoch bei geringer Leistung sehr unwirtschaftlich, und je kleiner das Schiff, umso ungünstiger wirkte sich der erforderliche Platz für die voluminösen Maschinenanlagen und Kohlebunker auf den verbleibenden Laderaum aus. Auf kleineren Schiffen setzte daher erst kurz vor der Jahrhundertwende

Die F*ORTUNA*, *93 BRT, wurde 1910 in Waterhuizen gebaut. Der stählerne Gaffelschoner erhielt in den 1920er Jahren einen 50-PS-Hilfsmotor und gehörte dem Eignerkapitän A. Stamm aus Hamburg. (Schiffsporträt von Julius Gregersen, 1925 / Altonaer Museum in Hamburg)*

eine allmähliche Ausrüstung mit Maschinenantrieben ein, nachdem das Patent für eine Verbrennungskraftmaschine »zum Betrieb der Schraubenwelle eines Schiffes« von Gottlieb Daimler im Jahre 1886 angemeldet worden war. Zwei Jahre später wurde die Brauchbarkeit der Verbrennungskraftmaschine mit einem Boot im Hamburger Hafen in der Praxis nachgewiesen, und damit begannen die ersten Versuche, Motoren als Hilfsantrieb auch auf kleinen Seglern einzubauen. Diese Maschinen nahmen nur wenig Platz in Anspruch, waren einfach zu bedienen, erforderten kein zusätzliches Personal und waren in relativ kurzer Zeit betriebsklar.

Da Benzinmotoren von vornherein wegen der hohen Explosionsgefahr ihres Brennstoffes ausschieden, kamen zunächst nur die sogenannten Petroleummotoren in Frage, über die die Fachzeitschrift »Hansa« im Jahre 1892 schrieb: *Der Petroleummotor entspricht den Anforderungen an eine Hilfsmaschine für jede Art von Segelfahrzeugen auf das Vollkommenste; er ist die unabhängigste Kraftquelle für den Betrieb einer Schraube, beansprucht den geringsten Raum und die wenigste Wartung, und bietet mit der in Stevenrichtung einstellbaren Schraube jedem Segelschiff die Faktoren, welche ihm den Vorteil der Maschinenkraft zur Fortbewegung sichern und doch die in seiner Eigenschaft als Segler liegenden Vorzüge nicht beeinträchtigen.*

Die Hauptbestandteile des Petroleummotors waren — wie bei anderen Verbrennungskraftmaschinen auch — Zylinder, Kolben, Schwungrad und Kurbelwelle. Die Abwärtsbewegung des Kolbens wurde dadurch verursacht, daß in dem oberen geschlossenen Teil des Zylinders der Brennstoff eingespritzt und durch die

So inserierte und warb die Leipziger Firma Grob & Co. für ihre Petroleum-Motoren in der Fachzeitschrift »Hansa« von 1895.

Stichflamme eines Zündrohrs zur Explosion gebracht wurde. Die Weiterbewegung und erneute Verdichtung erfolgte durch das auf der Kurbelwelle sitzende Schwungrad. Das verwendete Petroleum mußte raffiniert sein, da sonst Verschmutzungen auftraten, die den Motor unter Umständen zum Stillstand bringen konnten. Da die Kleinmotoren nicht direkt von »Voraus« auf »Zurück« umsteuerbar sind, wurden ab 1890 allgemein Umsteuerschrauben verwendet. Auf mechanischem Wege konnten die Schraubenflügel verstellt und bei gleicher Drehrichtung des Motors Vor- und Rückwärtsfahrt erzielt werden. Ließen sich die Flügel gleichzeitig in die Mittschiffsebene drehen, so daß sie beim Segeln kaum hinderlich waren, so sprach man von einer Segelschraube.

Trotz der hohen Erwartungen, die von mancher Seite in den Petroleummotor gesetzt wurden, waren einige technische Mängel unübersehbar. Vor allem die Tatsache, daß der Motor zum Funktionieren des Zündrohrs im Zylinderkopf eine permanent brennende Heizlampe benötigte und als Brennstoff nur raffiniertes Petroleum mit einem hohen Reinheitsgrad in Betracht kam, wurde den Forderungen nach größtmöglicher Sicherheit und Unempfindlichkeit im rauhen Bordbetrieb eines Frachtseglers nicht gerecht. Es war daher nicht verwunderlich, daß an der Entwicklung brauchbarer Verbrennungskraftmaschinen intensiv weitergetüftelt wurde. So experimentierte man seit 1903 mit sogenannten Glühkopfmotoren und schon seit 1897 mit Dieselmotoren. Beim Dieselmotor, in welchem das eingespritzte und zerstäubte Rohöl durch hohe Verdichtung zur Selbstentzündung gebracht wird, blieb das Problem zunächst technisch ungelöst, wie man bei kleineren Anlagen ein genügend schüttel- und schwingungsfreies Arbeiten erreichen könnte. Dagegen gelang dem Glühkopfmotor als kleiner Verbrennungskraftmaschine noch vor dem Ersten Weltkrieg der Durchbruch für den Schiffsantrieb. Bei diesen Motoren sorgte für die Zündung ein auf den Zylinderkopf aufgeschraubter gußeiserner »Glühkopf«, der vor Inbetriebnahme des Motors 10 bis 15 Minuten lang mit einer Lötlampe erhitzt werden mußte. Der eingespritzte Treibstoff entzündete sich am glühenden Metall, und die dadurch entstehenden, sich ausdehnenden Verbrennungsgase brachten den Kolben in Bewegung. Durch den sich wiederholenden Verbrennungsvorgang wurde der Glühkopf dann von selbst glühend gehalten. Da jegliche komplizierte Ventile fehlten, waren diese Motoren einfach und auch von ungelernten Händen sicher zu bedienen. Als Brennstoff wurde Gasöl verwendet, das drei- bis viermal billiger war als raffiniertes Petroleum. Diese robusten Zweitakter verdrängten daher den Petroleummotor in kurzer Zeit; sie erwiesen sich als sehr langlebig und wurden in späteren Jahren auch vielfach als Deckshilfsmaschinen gebraucht.

Der Einbau von Hilfsmaschinen in kleinere Segler konzentrierte sich in Deutschland zunächst mehr auf die Fischerei als auf die Frachtfahrt. Im Nachbarland Dänemark dagegen war diese Entwicklung schon weiter fortgeschritten, wie folgender Bericht von Lüder Arenhold in der »Hansa« von 1906 zeigt: *Bei einem längeren Aufenthalt in Skagen, wo man von dem hart am Nordstrand gelegenen Badehotel die schönste Gelegenheit hat, den außerordentlich starken Schiffsverkehr zu beobachten, bekommt man einen guten Einblick in die die Ostsee befahrenden Schiffstypen. Neben zahlreichen Dampfern passieren doch immer noch eine große Menge Segelschiffe, eine Menge alter Barken, weniger Briggs, aber eine große Menge Dreimastschoner neueren Datums und besonders Dreimastgaffelschoner, teilweise recht hübsche, gut segelnde Fahrzeuge. Diese sind neuerdings sehr in Aufnahme gekommen und dürften bei ihren besseren Kreuzeigenschaften auch wohl das richtige Segelfahrzeug für die Ostsee sein. Einige davon sind schon mit Motoren versehen. So sah ich einen Dreimastgaffelschoner, der, als es still wurde, Segel wegnahm und plötzlich stark zu rauchen anfing und dann mit guter Fahrt losging, so daß er seinen Mitseglern bald außer Sicht war. Ein Besuch, den ich später der Schiffswerft in Frederikshavn abstattete, bestätigte mir dann, wie außerordentlich sich Motoren in Dänemark in kleineren Segelschiffen einzubürgern beginnen. Neue kleine Segler würden kaum noch gebaut, ohne einen Motor zu erhalten, da die Kosten der Motoren so gering und die Bedienung so einfach sei, daß jeder Matrose sie in kurzer Zeit lerne.*

In Deutschland dürfte die geringe Verbreitung von Hilfsmotoren auf kleineren Frachtseglern vor dem Ersten Weltkrieg nicht nur technische Mängel als Ursache gehabt haben. Die Ablehnung basierte wohl auch auf der Überlegung, daß sich die Kosten für den Motoreneinbau möglicherweise nur sehr langsam bezahlt machen würden. Im Kaiser-Wilhelm-Kanal wurden vom Reich immerhin Schleppkostenvergünstigungen gewährt, so daß es billiger war, sich zu einem günstigen Tarif schleppen zu lassen, als die Treibstoffkosten und Abschreibungen für einen Hilfsmotor zu tragen und den Verlust an Ladekapazität durch den Einbau einer Maschinenanlage in Kauf zu nehmen. Auch konnte man in den kleinen, vielfach entlegenen Hafenplätzen der Nord- und Ostseefahrt mit keinerlei Service für Wartung und Reparatur an einem Motor rechnen, und die Versorgung mit flüssigen Brennstoffen war keineswegs überall sichergestellt. Aus wirtschaftlicher Sicht bestand somit zunächst kein dringender Bedarf an Hilfsmotoren, zumal die Frachtenlage jener Jahre so gut war, daß eine Reiseverzögerung durch eine gelegentliche Flaute im allgemeinen gut verkraftet werden konnte. So waren dann auch von den im Jahre 1914 in der Frachtfahrt beschäftigten deutschen Gaffelschonern lediglich acht Fahrzeuge mit einem Motor ausgestattet. Von diesen Schiffen wiederum gehörte nur eines einem Eignerkapitän; denn die Versicherungsgilden der Küstenschiffer lehnten eine Versicherung der Motoren noch ab und wollten mit diesem »neumod'schen Krom« vorerst nichts zu tun haben.

MARIE, ein früher Gaffelschoner mit Hilfsmotor

Als am 31. Dezember 1894 der Küstensegler MARIE auf der Eiderwerft in Tönning vom Stapel lief und seinem Auftraggeber Kapitän W. Rinck übergeben wurde, reihte sich ein für die damaligen Verhältnisse in mehrfacher Hinsicht außergewöhnliches Fahrzeug in die Flotte der deutschen Handelsschiffahrt ein: Der für die Nord- und Ostseefahrt bestimmte stählerne, flachbodige Schoner besaß ein Mittelschwert, Ballasttanks und einen Hilfsmotor. Das zu 95 BRT vermessene Schiff war 6,2 m breit, in der Wasserlinie 24 m lang und kam bei einer Tragfähigkeit von 160 t auf einen Tiefgang von 2,5 m. Der Entwurf für den Neubau stammte von dem Mitinhaber der Werft, Ludwig Benjamin.

Flachbodige Frachtsegler waren an der Nordseeküste weit verbreitet. Beim überregionalen Typ des Schoners wurde diese Rumpfform jedoch relativ selten angewandt — und wenn, dann bevorzugte man auf den nordeuropäischen Werften im allgemeinen Seitenschwerter, da ein im Schiff eingebauter Schwertkasten eine gewisse Schwächung der Verbände bedeuten konnte und seine Konservierung von innen fast unmöglich war. Mehr noch als das Mittelschwert der MARIE dürften aber wohl die Ballasttanks und der Hilfsmotor seinerzeit der Grund dafür gewesen sein, daß sich die Schiffahrtszeitschrift »Hansa« eingehend mit dem kleinen Küstensegler befaßte. Unter der Überschrift »Ein moderner Frachtschoner« veröffentlichte sie eine ausführliche Beschreibung des Fahrzeugs:

Der Boden des Schiffes ist beinahe flach, ein Kiel ist nicht vorhanden, die Enden sind aber außerordentlich scharf geschnitten. Um einem derart gebauten Schiff Segelfähigkeit zu erteilen, war es nötig, zur Anwendung eines Mittelschwertes zu greifen, und da diesem sehr große Dimensionen gegeben werden konnten, so durfte auch wieder die Takelung bis zu einem gewissen Grade vergrößert werden, der bei anderen Frachtschiffen dieser Art sich nicht annähernd erreichen läßt.

Die Anwendung des Schwertes hat also einen doppelten Vorteil: sie ermöglicht erstens, den Tiefgang bedeutend zu verringern, und zweitens, die Segelfläche und somit die Fahrgeschwindigkeit unter Segeln bedeutend zu vergrößern.

Die Takelung ist rein ›fore and aft‹, alle Rahsegel sind vermieden. Das Schoner- und das Großsegel sind an den Bäumen befestigt; durch diese Art der Takelung wird die Handhabung der Segel wesentlich erleichtert, so daß die ganze Besatzung nur aus vier Mann, den Kapitän eingerechnet, zu bestehen braucht. Ferner können die Segel vermöge ihrer Befestigungsart sehr viel schneller beseitigt werden, als dies sonst der Fall ist.

Das Schwert ist in Form einer nahezu rechteckigen Wand von 4 x 3,5 m aus Holz und Eisen gebaut und wird in einem schmalen Brunnen, der vom Kiel bis in Lukenhöhe über Deck reicht, auf und nieder gelassen. Dieser Brunnen, der in der Flucht der Decksstützen liegt, beeinflußt die Nutzbarkeit des Schiffsraumes in keiner Weise. Seine Konstruktion ist derart, daß die durch sein Vorhandensein unterbrochenen Längsverbände vollkommen kom-

pensiert werden, so daß dieser mittlere Teil des Schiffes noch verstärkt wird. Besonders stark sind diejenigen Teile des Brunnens konstruiert, die dem Schwert als Führung dienen, und Sorgfalt ist darauf gelegt, daß das Schwert schwächer ist als die Brunnenkonstruktion, so daß — sollte das Schiff einmal mit niedergefiertem Schwert auftreiben — das Schwert und nicht der Schiffskörper beschädigt werden kann. Die Auf- und Abbewegung des Schwertes geschieht mit Taljen von einer Ladewinde aus. Vorrichtungen sind vorhanden, um es in seiner höchsten und auch in seiner tiefsten Stellung festzustellen.

Zu beiden Seiten des Schwertbrunnens sind zwei Wasserballasttanks eingerichtet, welche genügend Ballast (30 t) für das Schiff aufnehmen und somit die bei Segelschiffen sonst erforderliche langwierige und kostspielige Arbeit des Ballastnehmens in Wegfall bringen. Die Tanks laufen nach Öffnung der von Deck zu regulierenden Ventile von selbst voll und werden jeder mit einer Handflügelpumpe von Deck aus in etwa 2,5 Stunden entleert. Diese Pumpen sind zugleich so eingerichtet, daß sie die üblichen Schiffspumpen ersetzen, indem sie den Raum, der vor und hinter den Tanks liegt, zu lenzen vermögen.

Da ein Schiff von dieser Bauart einen für seine Schwerguttragfähigkeit sehr großen Laderaum besitzt, so kommt der geringe Raumverlust, der durch den Ballasttank herbeigeführt wird, nicht in Betracht. Zugleich aber sind die Luken so angeordnet, daß der Raum in allen Teilen sehr bequem zu laden und zu löschen ist. Da der sonst von der Großluke eingenommene Raum durch den Schwertbrunnen ausgefüllt wird, sind zwei große Luken — eine bei jedem Mast — angeordnet, und jede ist mit einer Handwinde versehen.

Durch die beschriebenen Einrichtungen wird das Schiff in Stand gesetzt, erstens schneller als andere Schiffe seiner Größe zu segeln und zweitens keine Zeit mit Ballast nehmen und Ballast löschen zu verlieren. Um endlich den Zeitverlust zu vermeiden, der beim Befahren von Revieren durch das Abwarten günstigen Windes entsteht (diese Einbuße an Zeit kann in kleineren Häfen, wo keine Schlepper sind, unter Umständen recht erheblich sein), so ist das Schiff mit einem Petroleum-Motor ausgerüstet. Derselbe wurde von der Firma Grob & Co. geliefert, ist einzylindrig und

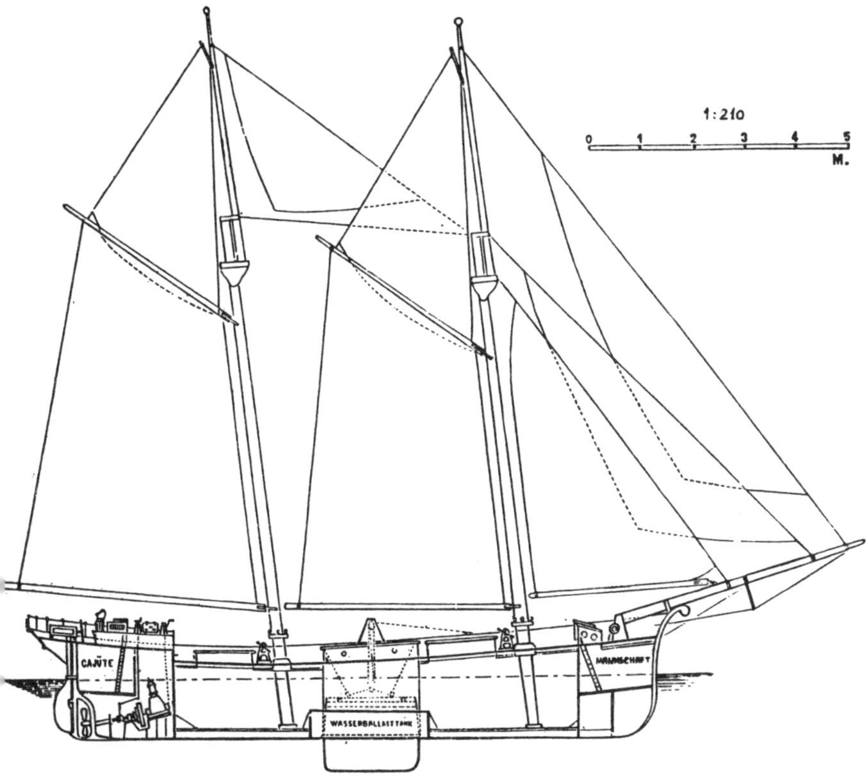

Segelriß und Raumaufteilung der 1894 in Tönning gebauten MARIE. *(Zeichnung aus: Hansa von 1894)*

entwickelt 12 PS, eine Kraft, die genügend ist, dem Schiff eine Geschwindigkeit von 5 kn zu erteilen, was für den besagten Zweck hinreichend ist. Der Motor ist mit einer Weiheschen Umsteuerung und Schraube versehen. Die zum Antrieb der Maschine, zur Umsteuerung und zum Einrücken der Friktionskupplung zwischen Motor und Welle dienenden Hebel liegen sämtlich über Deck. Der Motor befindet sich in einem Raum, welcher derart in die Kajüte eingebaut ist, daß vom Laderaum nichts verloren geht.

Soweit die interessante Baubeschreibung der »Hansa«, die am 19. Januar 1895 durch eine weitere Meldung ergänzt wurde: *Der*

Frachtschoner M*ARIE* *ist am 31. Decbr. auf der Eiderwerft mit Top und Takel vom Stapel gelaufen. Mit der* [...] *Konstruktion ist somit eine neue Richtung in dem Frachtenverkehr der kleinen Fahrt eingeschlagen, deren Erfolge in technischer und wirtschaftlicher Beziehung wir mit Interesse verfolgen werden.*

Nachbauten der MARIE gab es trotz der positiven Berichterstattung in der »Hansa« nicht. Ob sich die in der Theorie ermittelten Vorteile auch in der Praxis tatsächlich ohne nachteilige Nebenwirkungen zeigten, dürfte wohl von mancher Seite angezweifelt worden sein. Der Lebensweg der MARIE war dann leider auch nicht dazu angetan, weitere Schiffer zu ermutigen, derartige Bauten in Auftrag zu geben. Bereits im Dezember 1895 ging das Schiff auf der Reise von Husum nach Leith im Sturm mit einer vollen Ladung Hafer in der Nordsee total verloren. Ob eine der schiffbaulichen Besonderheiten dabei eine Rolle spielte, ließ sich allerdings im nachhinein nicht ermitteln.

Motorisierung

Die günstige wirtschaftliche Entwicklung in der Nord- und Ostseefahrt fand ihr abruptes Ende mit dem Ausbruch des Ersten Weltkrieges im Sommer 1914. Dem Desaster fiel auch die deutsche Handelsschiffahrt zum Opfer. In der Ostsee konnte zwar auch noch nach Beginn der Kriegshandlungen der bisherige Schiffsverkehr nach den neutralen Ländern Dänemark und Schweden sowie entlang der eigenen nationalen Küste aufrechterhalten werden, in der Nordsee jedoch kam er aufgrund der britischen Seeblockade und der großflächigen Verminungen vollkommen zum Erliegen. Da auch die deutsche Überseeschiffahrt restlos von ihren alten Verkehrsverbindungen abgeschnitten war, fehlten ferner die für die Küstenfahrer so wichtigen Verteiler- und Zubringeraufgaben. Die Folge war, daß ein großer Teil der Küstenschiffsflotte aufgelegt werden mußte. Unter der langen Zwangsliegezeit hatten insbesondere die hölzernen Fahrzeuge zu leiden, die einer ständigen Pflege bedurft hätten, um segelklar zu bleiben. Nach den vier Schreckensjahren des Krieges und der bedingungslosen Kapitulation Deutschlands blieb die Küstenschiffsflotte zwar von der Beschlagnahme durch die Alliierten ausgenommen — abgeliefert werden mußten alle Schiffe über 1600 BRT sowie die Hälfte der Fahrzeuge zwischen 1000 und 1599 BRT —, wegen der mangelnden Instandhaltung während des erzwungenen Aufliegens genügten die Küstenfrachter jedoch nur noch zum Teil den Anforderungen zum Einsatz in der Frachtfahrt.

Mit Beginn der Friedensverhandlungen in Versailles Anfang Januar 1919 wurde die kleine Küstenfahrt mit Einschränkungen freigegeben und mit den verbliebenen einsatzfähigen Einheiten wieder aufgenommen. Um den durch Kriegsverluste und Überalterung erlittenen Tonnagemangel auszugleichen und um ihre Wettbewerbsfähigkeit durch eine Erhöhung der Umlaufgeschwindigkeit ihrer Schiffe zu verbessern, griffen die Küstenschiffer nun vermehrt auf die Möglichkeit zurück, einen Hilfsmotor einzubauen. Während der Kriegsjahre waren die Motoren wesentlich verbessert worden, und aufgrund der vorangegangenen Militarisierung und der damit verbundenen Schaffung entsprechender Einrichtungen an den gesamten europäischen Küsten konnten technische Hilfe und die Versorgung mit flüssigen Treibstoffen nun selbst in kleineren Häfen in Anspruch genommen werden. Auch die Gilden der Küstenschiffer beschlossen jetzt, Motoren zur Versicherung zuzulassen. So erklärten sich beispielsweise der Assekuranz-Verein Schulau im Jahre 1920 und die Schiffergilde »Emanuel« in Uetersen im Jahre 1923 auf ihren Mitgliederversammlungen bereit, Küstenmotorsegler aufzunehmen. Die Weichen für eine allmähliche Motorisierung aller noch rentablen Kleinseglertypen waren gestellt.

Im Bereich der Neubautätigkeiten zeigte sich der Trend zum Hilfsmotor am deutlichsten an dem umfangreichen Motorseglerprogramm der Friedrich Krupp »Germaniawerft« AG in Kiel-Gaarden während der Jahre 1920 bis 1923. Für die große Fahrt liefen dort die Viermastbark MAGDALENE VINNEN, die jetzt noch als SEDOV als russisches Schulschiff in Fahrt ist, sowie fünf Fünfmastrahschoner von Stapel, alle für Rechnung der Reederei F. A. Vinnen & Co. in Bremen. Für die Nord- und Ostseefahrt entstanden zehn dreimastige Toppsegelschoner, von denen die BUCKAU wegen ihres späteren Umbaus zum Rotorschiff am bekanntesten wurde, ferner acht Galioten, zwölf Galeassen sowie vier zweimastige Gaffelschoner. Die stählernen Gaffelschoner waren über Deck 27,9 m lang und 6,3 m breit. Die zu 125 BRT vermessenen Schiffe hatten ein Ladevermögen von 175 t und führten eine Segelfläche von 303 m^2; sie waren mit einem 35-PS-Glühkopfmotor der Firma Callesen & Co. in Apenrade ausgerüstet. Zwei dieser Schoner existieren heute noch. Einer von ihnen ist die CARTHAGINIAN. Nach langen Jahren als Ostseefrachter, zunächst als MARY unter deutscher, 1922 als FAMILIENSHAAB unter dänischer und dann als KOMET von 1923 bis 1972 unter schwedischer Flagge, gelangte das Schiff schließlich nach Lahaina auf Maui (Hawaii), wo es heute als schwimmendes ortsfestes Walfangmuseum eingerichtet ist.

In den Jahren von 1919 bis 1928 entstanden für die Frachtfahrt auf deutschen Werften rund fünfzig Gaffelschoner mit Hilfsmotoren. Der überwiegende Teil dieser Schiffe wurde nach Fertigstellung ins Ausland verkauft. Die in der Nachkriegszeit zu scharfer Kalkulation gezwungenen deutschen Küstenschiffer deckten ihren Bedarf lieber durch den Ankauf gut erhaltener preiswerter gebrauchter Schiffe. Angekauft wurden vor allem aus den Niederlanden etliche stählerne Schoner, zahlreiche Tjalken sowie rund fünfzig Heringslogger, von denen nach dem Umbau zum Frachtsegler viele ein Gaffelschonerrigg erhielten. Alle Fahrzeuge wurden nach und nach mit einem Hilfsmotor ausgerüstet. Auch der schon zitierte Schulauer Eignerkapitän Hans Heinrich Seebeck beugte sich den neuen Gegebenheiten: *Im Jahre 1923 baute ich einen 60pferdigen Motor in meinen Schoner PRINZ CAROLATH ein. Das Schiff lief bei stillem Wetter mit dem Motor 6 kn; 1929 verkaufte ich es nach Dänemark. Dann kaufte ich einen 1918 in Holland gebauten Fischlogger, ließ ihn in Hamburg umbauen und um 5 m verlängern. Dieses Schiff wurde mit einem 120-PS-Deutz-Dieselmotor versehen. Ich takelte das Schiff auf als Dreimastgaffelschoner. Es war 32 m lang und 6,7 m breit, ging beladen 3 m tief und lud 220 t Schwergut und 75 Standard Holz und lief bei gutem Wetter mit Motor 7,5 kn, mit allen Segeln und gutem Wind 9 kn. Dieses Schiff taufte ich MAJA.*

Während die Anzahl an Segelschiffen nach dem Ersten Weltkrieg insgesamt drastisch zurückging, konnten die Gaffelschoner ihren Bestand zunächst behaupten, was für ihre besondere

Stählerner Gaffelschoner mit Hilfsmotor von 1921, gebaut auf der Germania-Werft in Kiel. Das Schiff war zu 125 BRT vermessen und hatte eine Tragfähigkeit von 175 t. (Zeichnung: Verfasser)

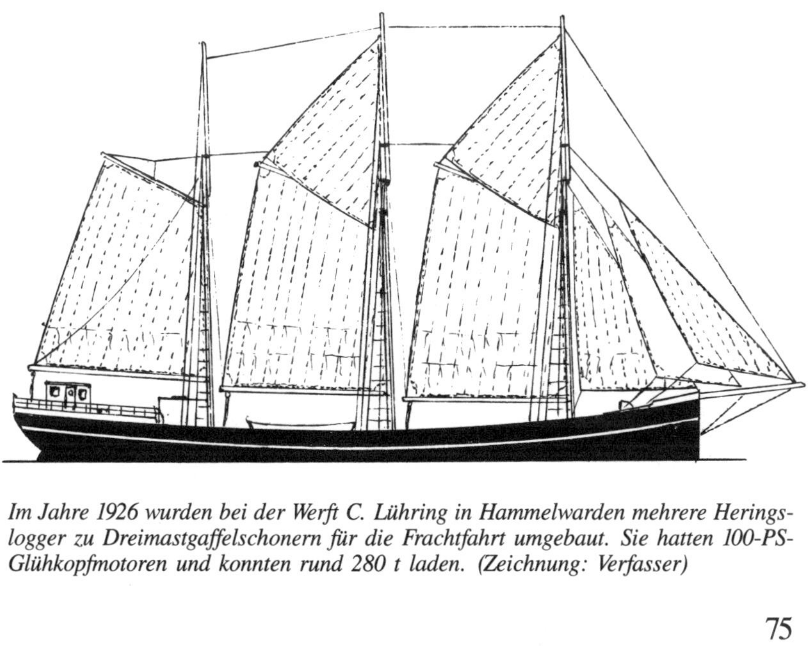

Im Jahre 1926 wurden bei der Werft C. Lühring in Hammelwarden mehrere Heringslogger zu Dreimastgaffelschonern für die Frachtfahrt umgebaut. Sie hatten 100-PS-Glühkopfmotoren und konnten rund 280 t laden. (Zeichnung: Verfasser)

Wirtschaftlichkeit sprach. Im Jahre 1928 waren immerhin noch 122 Schiffe dieses Typs in Deutschland registriert. Davon waren 39 Fahrzeuge aus Holz, 83 aus Stahl gebaut. Lediglich vierzehn dieser Schoner waren reine Segler, die auf einen maschinellen Hilfsantrieb verzichteten. Hatte 1914 noch der zweimastige hölzerne Gaffelschoner dominiert, so war es vierzehn Jahre später der stählerne Motorschoner, der in der hier behandelten Schiffsgruppe am weitesten verbreitet war. Der spätere Schiffsingenieur Heinz Mierendorff, der zwischen 1925 und 1931 fast täglich den Stralsunder Hafen besuchte, schrieb mir dazu: *Da drängten sich manchmal bis zu fünfzehn ›Klütenewer‹ aus Holz oder meistens schon aus Stahl und luden oder löschten oder warteten auf besseres Wetter. Die Gaffel- und Dreimastgaffelschoner, Galeassen, Tjalken und Ewer lagen dann im Hafen verteilt, an den Speichern Getreide übernehmend und sich gegenseitig mit ihrem Vorgeschirr behindernd. Die Schoner hatten die Lukensülle oft bis nahezu auf Mannsgröße erhöht, wahrscheinlich um den Raumverlust nach dem nachträglichen Motoreinbau auszugleichen. Auch die anderen Küstensegler waren fast alle schon mit einem Hilfsmotor ausgerüstet. Oft sah ich auch zu, wenn auf den Motorseglern beim Laden von Getreide die kleine Besatzung im verstaubten Laderaum die Ladung in die Raumecken schaufelte und mit den Füßen feststampfte.*

Im allgemeinen waren die Hilfsmotoren der ersten Motorisierungswelle in der Kleinschiffahrt von geringer Leistung. Dem Motor fiel zunächst nur die Aufgabe zu, das Manövrieren im Hafen und auf Revier zu erleichtern, Windstillen auf See zu überbrücken oder ungünstige leichte Strömungen und Gegenwinde zu überwinden; entsprechend niedrig waren die PS-Zahlen bemessen. Sowohl die meisten Neubauten der ersten Jahre nach dem Kriege als auch die nachträglich mit Maschinen ausgerüsteten Küstenschiffe erhielten daher weiterhin das herkömmliche Rigg, um eine vollwertige Segelfähigkeit sicherzustellen. Mit der gelegentlichen Reduzierung der Segelfläche bei nur schwacher Motorisierung wurden trotz vermeintlicher Kostensenkung durchweg schlechte Erfahrungen gemacht, da die Schiffe dann weder unter Segeln noch mit Motor über ausreichende Antriebskräfte verfügten. Auch die in den 1920er Jahren geänderten Vorschriften über den Erwerb von Segelschiffsfahrzeit für angehende Nautiker und die sich daraus ergebenden Vorteile für die Küstenschiffer sprachen zunächst für die Beibehaltung einer vollen Besegelung. Denn nach den damaligen Definitionen in bezug auf die Segelschiffsfahrzeit wurde im allgemeinen nur ein Schiff als Segler anerkannt, dessen Segelfläche mindestens angenähert dem doppelten Produkt aus Schiffslänge und Schiffsbreite entsprach.

Küstensegler als »Ausbildungsschiffe«

Der Tonnagemangel in den ersten Jahren nach dem Krieg sowie die von einem beachtlichen wirtschaftlichen Boom begleitete Inflation ließen mehrere in der Nord- und Ostseefahrt tätige Reedereien zunächst am Segelschiff festhalten — ja, es kam sogar zu Neugründungen einiger Schonerreedereien. Die sich steigernde Geldentwertung bot durchaus die Möglichkeit, durch kluge Spekulation Werte zu schaffen und sich von Verschuldungen billig zu befreien. Wer sich Geld geliehen hatte, zahlte es jetzt — da es immer wertloser wurde — zurück. Als 1923 die Bilanzen auf Goldmark umgestellt wurden und damit wieder »normale« Zeiten einkehrten, stießen jedoch die meisten Reedereien nach und nach ihre Segler ab. Nicht wenige dieser Schiffe gelangten in den Besitz von Eignerkapitänen, die vor allem im Gaffelschoner nach wie vor ein Fahrzeug sahen, das bei nicht allzu hohen eigenen Ansprüchen durchaus mit Gewinn in der Nord- und Ostseefahrt eingesetzt werden konnte. Der Tonnagebestand zeigt, daß jetzt der stählerne Dreimastgaffelschoner favorisiert wurde. Die Versicherungsvereine der Küstenschiffer beschlossen gegen Ende der 1920er Jahre eine entsprechende Heraufsetzung der Gildengrenze auf 175 BRT und eine Erweiterung des äußersten Bezirks, der nun auch den Englischen Kanal mit einschloß. Diese trotz wirtschaftlicher Schwankungen insgesamt positive Entwicklung veranlaßte den Assekuranz-Verein Schulau in einer Festschrift zum hundertjährigen Jubiläum des Vereins zu der Bemerkung: *Im Jahre 1929 war die Anzahl unserer Mitglieder auf 153 gestiegen. Erkennen wir doch hieran, daß es (in dieser Zeit) viele junge Kapitäne gegeben hat, die ihre Zukunft in der Gründung eines Kü-*

stenschiffsbetriebes gesehen haben. Daß auch der damalige nautische Nachwuchs diese Ansicht vertrat, erfuhr Heinrich Hauser, Autor des Buches »Die letzten Segelschiffe«, 1930 an Bord der Viermastbark PAMIR: *Von den Matrosen wünschen sich die meisten ein eigenes Fahrzeug. Oft ein Segelschiff, einen schönen Schoner mit Motor, mit dem man Nord- und Ostsee befahren kann und gutes Geld verdient.*

Eine nicht unwesentliche Hilfe für die Eignerkapitäne lag in der Tatsache, daß sie ihre Schiffe mit sehr niedrigen Personalkosten fahren konnten. Mit dem Wiederaufbau der deutschen Handelsflotte und der wachsenden Zahl der Dampfer und Motorschiffe sank zwar das Angebot an segelschiffserfahrenen Seeleuten, die bereit waren, weiterhin auf einem Segler anzumustern, aber wegen der noch immer vorgeschriebenen Segelschiffsfahrzeit für angehende Nautiker stand Nachwuchs in ausreichendem Maße zur Verfügung.

Die Forderung von Segelschiffsfahrzeit für Anwärter auf ein nautisches Patent war mit den neuen Verordnungen von 1925/31 modifiziert worden. Weggefallen war insbesondere die Bestimmung, daß von Bewerbern für das Seesteuermannspatent auf großer Fahrt ein Jahr als Matrose auf einem Segelschiff mit mindestens einem Mast, der volle Rahtakelung trug, abgeleistet werden mußte. Ferner war die Dauer reduziert worden und nicht mehr an einen bestimmten Dienstgrad gebunden. Ab 1927 wurden für Patentanwärter insgesamt 50 Monate Fahrzeit als Decksmann gefordert, davon jeweils auf Segelschiffen zwölf Monate für angehende Schiffer auf Küstenfahrt, fünfzehn Monate für das neu eingeführte Befähigungszeugnis zum Seesteuermann auf kleiner Fahrt und zwanzig Monate für das Seesteuermannspatent auf großer Fahrt. Mit dieser Regelung konnte nun auch die erforderliche Seefahrtzeit für das »große« Patent auf Küstenseglern erworben werden. Da die wenigen verbliebenen Großsegler, einschließlich der Schiffe des Deutschen Schulschiffvereins, bei weitem nicht ausreichten, um dem nautischen Nachwuchs genügend Arbeitsplätze zu stellen, hatten die Nord- und Ostseefahrer regen Zulauf.

Nicht wenige Eignerkapitäne nutzten diese Situation aus und musterten vorzugsweise Decksleute an, die ihre Segelschiffsfahr-

Bei den Fachwerkspeichern in Danzig hat ein hölzerner Dreimastgaffelschoner mit bereits verkürzten Stengen festgemacht. (Foto: Sammlung Verfasser)

zeit zum Besuch einer Seefahrtschule ableisten wollten und bereit waren, ein »Ausbildungsentgelt« zu zahlen. Wenn im Seefahrtbuch beispielsweise stand, der Schiffsjunge sei für eine Monatsheuer von 25,— RM angemustert, dann zahlten die Eltern des Jungen nicht selten an den Eignerkapitän monatlich bis zu 150,— RM. Häufiger waren allerdings die Fälle, in denen die tarifliche Heuer »lediglich« gekürzt wurde.

Die Gaffelschoner nahmen als größte Segler der Kleinschiffahrt oft auch zusätzliche Jungen an Bord, wenn die Beschaffung des hierfür erforderlichen Logisraums keine größeren Schwierigkeiten bereitete und gegebenenfalls durch den Aufbau eines Deckshauses leicht bewerkstelligt werden konnte. Die ELLA (192 BRT), einer der letzten hölzernen Dreimastgaffelschoner, der auf einer deutschen Werft gebaut wurde, kam um 1930 für 30000,— RM in den Besitz des Kapitäns Bergmann und wurde in ELISABETH umbenannt. Dieses Schiff erhielt ein derartiges nachträgliches Deckshaus, in dem acht Jungen untergebracht werden konnten. Die Besatzung bestand damit aus fünfzehn Mann anstelle der sonst üblichen sieben Leute. Die acht zusätzlichen Jungen zahlten einen Ausbildungssatz, so daß sich die Gesamtpersonalkosten für den Schiffer auf nahezu Null reduzierten. — Im Jahre 1942 wurde die ELISABETH ex ELLA abgewrackt. Auf der Reise von Finnland nach Bremen mit einer vollen Ladung Holz brach in ihrem Maschinenraum ein Feuer aus, das derartige Schäden verursachte, daß eine Reparatur nicht mehr lohnte. Das Unglück passierte auf der Weser, so daß sich die Besatzung rechtzeitig in Sicherheit bringen konnte.

Navigation

Die Schiffsführung in der Nord- und Ostseefahrt erforderte nicht nur völliges Vertrautsein mit den Manövriereigenschaften des eigenen Schiffes, sondern auch eine intime Kenntnis der Hafenplätze, Schutzreeden, Strömungen, Untiefen und örtlichen navigatorischen Besonderheiten. Der Schiffer mußte vor allem ein guter Lotse sein und eine ausgeprägte Nase für die zu erwartende Wetterentwicklung haben. Zwar kam es auch immer wieder durch schweres Wetter zu Unfällen auf offener See, die eigentliche Gefahr drohte jedoch von der Küste; Strandung war die weitaus häufigste Havarieursache. Die Fälle, in denen stürmischer auflandiger Wind zu einer stark reduzierten, die Manövrierfähigkeit einschränkenden Segelführung zwang und die Möglichkeit einer Strandung heraufbeschwor, wurden mit dem Aufkommen der Hilfsmotoren seltener. Dennoch gab es genügend andere Gefahrenquellen. Die Küsten waren im Verhältnis zu heute mangelhaft befeuert, und das vorgelagerte Seegebiet war gar nicht oder nur spärlich mit Tonnen bezeichnet. Echolot und Funkpeiler waren zwar in den 1920er Jahren schon bekannt, fanden aber durchweg erst nach dem Zweiten Weltkrieg Verwendung in der Küstenschiffahrt.

An Bord der Nord- und Ostsee-Segler standen neben dem Kompaß die Seekarten und Segelanweisungen zur Verfügung. Dazu kam das Handlot, mit dem nicht nur die Wassertiefe gemessen, sondern gleichzeitig die Beschaffenheit des Meeresbodens festgestellt werden konnte. Dazu wurde die Aushöhlung am Fuß des Lotkörpers mit Talg (Lotspeise) ausgestrichen, an dem etwas Meeresboden haften blieb. Außerdem mußte sich noch zur Messung der Schiffsgeschwindigkeit eine Logge an Bord befinden, die jedoch auf Küstenseglern selten benutzt wurde. Ein eng mit seinem Fahrzeug verwachsener Schiffer konnte an der Lage seines Schiffes und an den Geräuschen in der Takelage und des an der Bordwand vorbeigurgelnden Wassers die Geschwindigkeit selbst von der Koje in seiner Kajüte aus mit ziemlicher Genauigkeit schätzen. Bei guter Sicht und der nötigen Wachsamkeit genügten in Küstennähe Seekarten, Kompaß und Lot vollkommen. Verschwanden jedoch die eine sichere Ortsbestimmung ermöglichenden Landmarken oder Feuer im Dunst oder gar im Nebel und befand man sich in einem Seegebiet mit verwickelten Stromverhältnissen wie etwa der Nordsee, dann wurde es schwierig. Kompaß und Logge lieferten nur den Weg des Schiffes durchs Wasser; die Versetzung durch Strom und Wind mußte geschätzt werden. Einen tatsächlichen Anhalt bot nur das Lot, aber auch nur dann, wenn sich die Wassertiefen auf eine Weise änderten, die im Vergleich zur Seekarte Rückschlüsse auf den Schiffsort zuließ. Fiel die Küste steil ab und wies das vorgelagerte Seegebiet regelmäßige Wassertiefen und Bodenbeschaffenheit auf, so war auch das Lot keine Hilfe. Lediglich die vereinzelt an besonders markanten Punkten der Küste installierten Nebelschallsender warnten dann vor einer gefährlichen Annäherung.

Daß die Nord- und Ostsee in jenen Jahren zu den risikoreichsten Fahrtgebieten gehörte, erfuhr die FLOTTBEK bereits auf ihrer Jungfernreise. Dieses stählerne Fahrzeug sowie sein Schwesterschiff LÜBECK waren die einzigen Viermastgaffelschoner, die je auf einem deutschen Schiffbauplatz entstanden. Beide Segler wurden 1927 auf einer Neustädter Werft für die in Lübeck ansässige Baltische Segelschiffsreederei GmbH gebaut. Mit einer Vermessung von 319 BRT und einem 200-PS-Hilfsmotor hoben sie sich von den übrigen deutschen Schonern jener Zeit erheblich ab. Die 40,02 m langen und 7,93 m breiten Schiffe besaßen Ballasttanks, und zwar eine Vorpiek (15 t), eine Achterpiek (5 t) sowie an Steuerbord und Backbord jeweils drei Seitentanks mit je etwa 16 t Fassungsvermögen. Die Ventile zum Lenzen und Fluten waren derart an Deck angeordnet, daß sie nach Übernahme einer Deckslast eingestaut und dann nicht mehr zu bedienen waren — das konnte sich unter Umständen nachteilig auswirken.

Am 25. Dezember 1927 lief die FLOTTBEK mit einer Besatzung von dreizehn Mann, darunter drei unbefahrene Jungen, von Lübeck mit einer Ladung Kalksteinen aus. Die Lübecker Bucht wurde noch bei klarem Winterwetter durchsteuert. Bald setzte jedoch Schneegestöber ein, das sich im weiteren Verlauf der Reise durch den Fehmarnbelt in Richtung Kleiner Belt zu einem handfesten Schneesturm entwickelte. Infolge der schlechten Sichtverhältnisse war eine genaue Ortsbestimmung nicht mehr möglich, so daß sich der Schoner unbeabsichtigt zu sehr der Südspitze von Langeland näherte und schließlich auf der vorgelagerten Küstenbank festkam. Nachdem ein Teil der Besatzung mit einem Strandrettungsboot der dänischen Küstenwache abgeborgen worden war, wurde das Schiff erst nach Ladungswurf und mit Schlepperhilfe wieder flott, mußte aber anschließend in die Werft, um die erlittenen Bodenschäden beheben zu lassen. Weniger glimpflich verlief die letzte Reise der FLOTTBEK im September 1935. Mit einer Ladung Birkenholz von Danzig nach Riga ging der Schoner total verloren.

Der Untergang der FLOTTBEK

Als die FLOTTBEK 1935 ihre Unglücksreise antrat, gehörte sie inzwischen einem Schiffsmakler aus Altona. Geführt wurde der Schoner seit 1931 von Kapitän Barthold Gustav Richters, geboren am 23. Juli 1896 in Wischhafen. Er besaß ein Befähigungszeugnis zum Schiffer auf großer Fahrt von 1921, umgetauscht in das Patent A6 vom 9. Januar 1932. (1931 hatten die nautischen Patente die bis 1970 gültigen Bezeichnungen A1 bis A6 erhalten.)

Was zum Verlust der FLOTTBEK führte, wurde in der späteren amtlichen Untersuchung von dem Schriftführer mit folgenden Worten aufgezeichnet:

Auf der letzten Reise wurde in Danzig eine für Riga bestimmte Ladung von rund 286 m³ Birkenholz in Stämmen eingenommen und davon 195 m³ im Raum, 91 m³ an Deck verstaut. Die Stämme hatten eine Länge von vier bis zehn Metern, einzelne waren

Der Viermastgaffelschoner FLOTTBEK (319 BRT) läuft am 10. Januar 1928 unter Motorkraft in den Hafen von Ålborg ein und hat gerade den Hafenlotsen übernommen. (Foto: Sammlung Axel Möller, Wedel)

bis zu vierzehn Meter lang. Bei dieser Länge der Stämme hielt der Kapitän ein Zurren der Deckslast nicht für erforderlich, da sie genügend von den oben auf dem Relingseisen befestigten Wanten gehalten wurde.

Nach der Beendigung des Ladens verließ die FLOTTBEK den Hafen von Danzig am 5. September 1935; gegen 20 Uhr wurde die Ansteuerungstonne passiert. Bei WSW-Wind in Stärke 5 machte das Schiff mit beiden Vorsegeln, Groß- und Kreuzsegel und Motorkraft etwa 8 kn Fahrt. Wache hatte der Zweite Steuermann. Der Kapitän war, nachdem er den Kurs abgesetzt, die Logge abgelesen und die entsprechenden Eintragungen gemacht hatte, unter Deck gegangen mit der Weisung, ihn sofort zu rufen, falls sich irgendetwas ereignen sollte.

Etwa nach einer Stunde fiel dem Kapitän eine Schlagseite des Schiffes nach Steuerbord auf, und er begab sich wieder an Deck. Der Zweite Steuermann kam ihm bereits entgegen und meinte, man müsse wohl Segel wegnehmen. Während der Zweite mit den Mannschaften die Segel wegfierte, legte der Kapitän den Schoner auf Gegenkurs, um den Wind von Steuerbord einzubekommen. Aber die gewünschte Wirkung stellte sich nicht ein; vielmehr nahm die Schlagseite nach Steuerbord langsam aber stetig zu. Während das Schiff auf Gegenkurs lag, erhielt der Zweite Steuermann vom Kapitän den Befehl, alle Mann an Deck zu holen und die Pumpen zu peilen. Als innerhalb von zehn Minuten alle Mann an Deck waren, versah der Erste Steuermann jeden mit einer Schwimmweste.

Inzwischen hatte sich die Schlagseite erheblich vergrößert. Die Steuerbord-Reling lag bereits im Wasser, und der Kapitän ordnete Vorbereitungen zum Aussetzen der Boote an. Das kleine Arbeitsboot stand achtern an der Steuerbordseite am Geländer, das Rettungsboot an der Backbordseite. Wegen der Schlagseite des Schiffes war es nicht möglich, das Rettungsboot vermittels der Taljen vom Kreuz- und Besanmast zu Wasser zu bringen. Es wurden daher die Taljen gelöst, damit, wenn das Schiff kenterte, das Boot nicht festgehalten würde; auch wurden Peilkompaß, Besanbaum und -gaffel weggeschlagen, damit es nach Steuerbord hinüber abrutschen konnte.

Es wurden dann Notsignale gegeben, und während sich die übrige Mannschaft am Geländer der Backbordseite aufhielt, gelang es dem Zweiten Steuermann und einem Leichtmatrosen, das Arbeitsboot über das Steuerbord-Geländer hinweg zu Wasser zu bringen. Alsbald rutschte auch das Rettungsboot zu Wasser, und im gleichen Augenblick kenterte die FLOTTBEK. Kurz vorher waren Groß- und Kreuzmast geknickt; die Decksladung lag bis zu diesem Zeitpunkt fest.

Beim Kentern des Schiffes sprang der Kapitän ins Wasser und befand sich beim Wiederauftauchen zwischen treibenden Stämmen. Um nicht in den Sog des untergehenden Schiffes zu geraten, versuchte er achteraus zu kommen und traf dabei auf das gekenterte Rettungsboot, das mit dem Schiffsjungen kieloben trieb. Der Kapitän kletterte mit hinauf, und beiden gelang es noch, einen Leichtmatrosen, der am Arm stark verletzt und dadurch behindert war, hinaufzuziehen.

Der Zweite Steuermann lag mit dem Arbeitsboot weiter achter-

aus. Von beiden Booten aus wurden die noch im Wasser Schwimmenden angerufen. Dann wurde es fünf bis acht Minuten still, als plötzlich aus der Richtung, wo das Arbeitsboot trieb, ein Aufschrei ertönte und dann wieder Stille eintrat.

Dem Kapitän war es im Verein mit dem Leichtmatrosen und dem Schiffsjungen nach dreistündiger Arbeit am 6. September 1935 etwa 3 Uhr morgens gelungen, das Rettungsboot aufzurichten und leerzuschöpfen. Mit Fußleisten und Jacken wurde dann ein Segel aufgerichtet und um 17 Uhr Germau erreicht, wo die Schiffbrüchigen auf dem Gut Nodem hilfreiche Aufnahme fanden. — Die übrige aus neun Mann bestehende Besatzung und ein weiblicher Fahrgast waren ertrunken.

Der tragische Schiffsuntergang löste bei den auch damals schon sensationshungrigen Medien eine Welle von Spekulationen aus, die darauf abzielten, Kapitän Richters die Schuld zuzuweisen. Der Nautiker und Publizist Fred Schmidt äußerte sich seinerzeit in seinem Buch »Kapitäne berichten…« empört über diese Zeitungskampagne: *Ein deutscher Schoner hatte das Unglück zu kentern. Der Schiffsführer* [...] *hielt zwei Jungen stundenlang unter eigener Lebensgefahr auf einem gekenterten Boot* [...] *Nur sein ungebeugter Mut und seine Seemannsfäuste haben sie durch das Grauen dieser Nacht gerettet. An Land jedoch fallen die Zeitungen über ihn her, wollen ihm die Schuld beimessen am Tod der anderen. Er habe sein Schiff überladen, so zischelt es gehässig um ihn. Vorwürfe, ehe überhaupt Zeit zur Prüfung gewesen ist! Aber wer fragt nach der Qual des Mannes, wenn man nur eine ›Sensation‹ zu melden hat!*

Allerdings hatte dann der Spruch des zuständigen Seeamtes Hamburg vom 8. Oktober 1935 noch Wasser auf die Mühlen der Presse gegossen. Er stellte zunächst ein Verschulden des Schiffsführers wegen Überladung und mangelnder Stabilität des Schoners fest.

Kapitän Richters ging jedoch in die Berufung. Das damalige Reichsoberseeamt untersuchte den Fall erneut eingehend und zog zahlreiche Zeugen wie Lotsen, Ablader und andere Experten heran. In seinem Spruch vom 17. April 1936 verkündete es, daß dem Kapitän kein schuldhaftes Verhalten anzulasten sei. Als einzig überhaupt mögliche Ursache des Kenterns der FLOTTBEK wurde nach peinlich genauen Recherchen das Vollaufen eines Ballasttanks an der Steuerbordseite festgestellt. Endgültig geklärt werden konnte aber nicht, ob die Leckage durch ein bei den Ladungsarbeiten in Danzig unbemerkt abgerissenes Entlüftungs- oder Peilrohr oder durch ein losgesprungenes Niet in der Außenhaut entstanden war.

Seit der FLOTTBEK-Tragödie war mehr als ein halbes Jahrhundert vergangen, als Kapitän Richters am 3. Juni 1989 im 93. Lebensjahr in Hamburg verstarb. Hinter ihm lag eine bewegte, bis ins hohe Alter eng mit der Seefahrt verbundene Zeit. Geboren als Sohn eines selbständigen Elbschiffers, fuhr er vor dem Ersten Weltkrieg auf dem stählernen Gaffelschoner HANS POSTEL in der Nord- und Ostseefahrt und auf der Laeisz'schen Viermastbark PEKING nach Chile. Nach dem Krieg erwarb er die nautischen Patente für die große Fahrt und kaufte sich zunächst die 125 t tragende Kufftjalk FRAU SIEVER. Dieses Schiff ersetzte er bereits 1924 durch den in Wilhelmsburg vom Stapel gelaufenen, doppelt so großen Dreimastgaffelschoner INGEBORG, von dem es hieß, daß er der erste deutsche Küstensegler mit einem Dieselmotor als Hilfsantrieb gewesen sei. 1930 ließ Richters sich dann in Stralsund den Dreimastschoner STRALSUND bauen, den er jedoch mit einem Setzschiffer besetzte und der schon nach einigen Monaten im November 1930 in der Nordsee verschollen blieb. Anschließend führte er vier Jahre lang den Viermastgaffelschoner FLOTTBEK.

Nach dem Zweiten Weltkrieg machte sich Kapitän Richters wieder selbständig. Dem umgebauten Fischlogger ARNOLDE folgte 1951 als sein erster Nachkriegsneubau das Küstenmotorschiff MONIKA. Im Verlauf der nächsten rund 30 Jahre bereederte Richters dann eine ganze Anzahl mittelgroßer Frachter, die er vorzugsweise auf der Rostocker Neptun-Werft bauen ließ. Wachsender Kostendruck in der Schiffahrt erzwang gegen Ende der 1970er Jahre die Auflösung der Reederei, so daß die geschäftlichen Unternehmungen Kapitän Barthold Richters schließlich ein wenig glückliches Ende fanden.

Unter Segel und Motor

Im Frühjahr 1921 lief bei den Deutschen Werken in Kiel einer der letzten motorlosen stählernen Dreimastgaffelschoner vom Stapel. Das Schiff war bei 156 BRT 29,5 m lang und 7 m breit und erhielt den Namen MARGARETHE. Der Schoner wurde von der Hamburger Reederei Ernst Simon im April übernommen und in der Hoffnung, den durch den vorangegangenen Krieg entstandenen Tonnagemangel mit Vorteil ausnutzen zu können, als eines der letzten deutschen Segelschiffe in der transatlantischen Frachtfahrt eingesetzt. So führte u.a. im Jahre 1923 eine Reise unter Kapitän Stoll von Lübeck nach Puerto de Colomb und zurück von Laguna de Terminos mit einer vollen Raum- und Deckslast Mahagoniholz nach Le Havre. Die letzte große Reise dauerte über ein Jahr und begann im Oktober 1925 in Cuxhaven. Von dort versegelte das Schiff in 121 Tagen nach Porto Alegre. Heimkehrend

Als einer der letzten in Deutschland gebauten, motorlosen Dreimastgaffelschoner kam die MARGARETHE (156 BRT) im Jahre 1921 in Fahrt. Mit einer Holzdeckslast bepackt läuft sie hier in die Kieler Förde ein. (Foto: Schiffsfotos Jansen)

übernahm die MARGARETHE in Rio Grande eine Ladung gesalzener Häute und kam nach der erneut sehr langen Zeit von 126 Tagen erst im November 1926 wieder in Cuxhaven an. Der kleine Schoner erwies sich trotz der beträchtlichen Dauer seiner Reisen als ein durchaus hochseetüchtiges Schiff, so wie sich auch in diesen Jahren noch eine ganze Anzahl dänischer Jachtschoner mit häufig nicht mehr als 100 BRT in der sturmreichen Neufundlandfahrt bewährte, ausgehend von Europa mit Wein, Salz oder Stückgut und heimkehrend mit einer vollen Ladung Klippfisch. Aber ab Mitte der 1920er Jahre war mit dem Wiederaufbau der Dampferflotten die Zeit der reinen Segelschiffe endgültig abgelaufen. Anfang 1927 mußte die MARGARETHE verpfändet werden und geriet für 29500,— RM in den Besitz des Eignerkapitäns Hinrich Koppelmann aus Wedel, der das Schiff in OLGA umbenannte und nach dem Einbau eines 80-PS-Motors in der Nord- und Ostseefahrt einsetzte. Aus Gründen der Rentabilität wurde die OLGA 1936 und 1951 bei gleichzeitiger Reduzierung der Segelfläche verlängert und stärker motorisiert. Aus dem einst schmucken Dreimastschoner wurde so ein »Schraubenmotorschiff mit Stützsegel«. Vermutlich hat dem Eigner bei den rigorosen Umbauten das Herz geblutet; aber der Wert eines Frachtschiffes liegt schließlich nicht in seinem ästhetischen Anblick, sondern in seiner Eignung, seinem Reeder Geld zu verdienen. Im Juli 1960 wurde die OLGA ins Ausland verkauft, und nach mehreren Eignerwechseln soll der frühere Schoner dann 1980 als Piratensender in der Themse-Mündung gesunken sein.

In seinen jungen Matrosenjahren musterte der bekannte Segelschiffshistoriker Kapitän Heinz Burmester u.a. auch auf der OLGA an. Erst 60,— und dann 80,— RM betrug seine damalige Heuer. Aus dieser Fahrzeit im ersten Halbjahr 1930 überlieferte er uns die folgenden Reisen und Frachten des Schoners:

Bremen	— Stettin: Ölkuchen
Stettin	— Odense: 186 t Gerste, Frachtrate 9 Kronen
Odense	— Flensburg: Ballast
Flensburg	— Rødvig/Kopenhagen: 257 t Kunstdünger in Säcken
Kopenhagen	— Danzig: 220 t Alteisen

Danzig	— Kopenhagen/Struer: 215 t Gerste, 450 leere Fässer
Struer	— Ålborg: Ballast
Ålborg	— Kopenhagen: 260 t Zement
Kopenhagen	— Danzig: 251 t Alteisen
Danzig	— Rødvig/Ærøskøbing: 220 t Gerste
Ærøskøbing	— Hamburg: Ballast
Hamburg	— Helsinki: 1100 Fässer Benzin
Helsinki	— Hudiksvall: Ballast
Hudiksvall	— Bremen: 84,5 Standard Schnittholz, Frachtrate 40 RM

Diese von Dezember 1929 bis Juni 1930 ausgeführten Reisen fielen in eine tiefgreifende wirtschaftliche Depression, und die Eignerkapitäne mußten alle Anstrengungen unternehmen, um ihre Schiffe in Fahrt zu halten. Obgleich die OLGA ihre bereits abgetakelten Stengen im Mai 1930 wieder erhalten hatte und somit ihre ursprüngliche Segelfähigkeit besaß, wurde zur Beschleunigung der Reisen eifriger Gebrauch von dem Hilfsmotor gemacht. Auch auf die traditionelle Winterliegezeit war offensichtlich verzichtet worden. Anders war in diesen schwierigen Zeiten mit einem kleinen Nord- und Ostseefrachter kein Gewinn mehr zu erzielen.

Der Dreimastmotorschoner Uwe Ursula *lief 1935 bei der Werft C. Lühring vom Stapel und war zu 180 BRT vermessen. (Schiffsporträt von Julius Gregersen, 1936 / Altonaer Museum in Hamburg)*

Mit gekapptem Rigg

... und bald betrachtete man die Mehrzahl der überlebenden Schoner als Motorschiffe mit Hilfstakelage anstatt als Segelschiffe mit Hilfsmotor.

(Alan Villiers, Auf blauen Tiefen)

Segel als Hilfsantrieb

Das letzte Jahrzehnt vor der Entfesselung des Zweiten Weltkrieges wurde durch eine von 1929 bis 1934 andauernde Wirtschaftskrise eingeleitet. Für die Schiffahrt hatte dies zur Folge, daß sich der Konkurrenzkampf allgemein verschärfte, was u.a. auf Küstenseglern aller Art einen immer häufigeren Einsatz des Hilfsmotors nach sich zog. Ladungen, die nicht mehr termingerecht abgeliefert werden mußten, waren kaum noch zu erhalten, so daß mit einem nur oder überwiegend gesegelten Schiff in der Nord- und Ostseefahrt kein Profit mehr zu machen war.

Die ursprünglich nur für den gelegentlichen Einsatz vorgesehenen Hilfsmotoren erwiesen sich für den ununterbrochenen Betrieb als zu schwach. Um sie überhaupt mit einiger Effizienz unter den neuen Gegebenheiten ausnutzen zu können, mußten sie ständig mit voller Leistung gefahren werden, was nicht nur zu einem hohen Brennstoffverbrauch, sondern auch zu einem überschnellen Verschleiß führte. Insbesondere traf dies natürlich bei den größeren der Küstensegler zu, also vor allem bei den Gaffelschonern. So begann gegen Ende der 1920er Jahre eine zweite Motorisierungswelle mit erheblich stärkeren Maschinen, wobei man nun im allgemeinen den Dieselmotoren den Vorzug gab.

Diese Entwicklung wurde dadurch begünstigt, daß man inzwischen die Schwingungsprobleme bei den Kleindieselanlagen im großen und ganzen in den Griff bekommen hatte und daß die Ma-

Das Erscheinungsbild der HELENE *entspricht dem der Schoner um 1930. Die Breitfockrah ist abgetakelt, von den einst hohen Stengen sind nur noch Flaggenstöcke übriggeblieben, und das Bugspriet ist verkürzt. Rumpf und Anordnung der Aufbauten sind jedoch noch unverändert. Das Schiff lief 1901 unter dem Namen* CLAUS DREYER *bei C. Lühring in Hammelwarden ab. (Foto: Schiffsfotos Holtorf vorm. Jeske)*

schinen insgesamt erheblich verbessert worden waren. Der »klassische« Diesel war wegen seines Einblaseluftkompressors zu kompliziert und von ungeschultem Personal zu schwer zu bedienen, als daß er in der Kleinschiffahrt hätte Eingang finden können. Die Schaffung des Motors mit luftloser Einspritzung des Brennstoffs zu Beginn der 1920er Jahre verhalf dann aber den Kleindieselanlagen zum Durchbruch. Letztere nahmen außerdem aufgrund ihrer kompakteren Bauweise weniger Platz in Anspruch als vergleichbare Glühkopfmotoren.

Unverändert blieb der Grundsatz, daß die Maschine vom Achterdeck aus bedient werden konnte. Das galt insbesondere für die Einstellung der Drehzahl und die Bedienung des Verstellpropellers oder des Wendegetriebes. Kapitän Henry Breuer, langjähriger Vorsitzender des Verbandes Deutscher Küstenschiffseigner, führte dazu 1988 vor angehenden Steuerleuten an der Cuxhavener Seefahrtschule aus: *Es gab aus heutiger Sicht zum Teil kuriose Konstruktionen. So waren die Kupplungshebel überlange schwergängige Stangen, die sich oftmals nur bewegen ließen, wenn man sein ganzes Körpergewicht dagegen warf. Oder die Kühlwasserkontrolle geschah dadurch, daß das Kühlwasser über einen offenen Trichter durch das Ruderhaus geführt wurde. Alarm gab es, wenn das Wasser eine Temperatur erreicht hatte, daß man sich daran die Finger verbrennen konnte. — Aber die Anlagen wurden von der Besatzung mit geringem Aufwand gefahren und instandgehalten, weil sie einfach und robust ausgeführt waren.*

Selten wurden jedoch Motoren mit mehr als 150 PS eingebaut, da bis zu dieser Leistung auf Segelschiffen mit Hilfsmotor in der kleinen Fahrt die Bedienung und Wartung der Maschine vom Kapitän oder Steuermann übernommen werden konnte, soweit sie

Zur »Ich-verdiene«-Serie der Nobiskrug-Werft gehörte der 1930 gebaute Motorschoner NOBISKRUG. *Er war bei einer Länge von 30,99 m und einer Breite von 7,00 m zu 171 BRT vermessen und mit einem 150-PS-Motor ausgerüstet. Die Segelfläche betrug 254 m². (Foto: Schiffsfotos Jansen)*

eine Prüfung zum Kleinmotorführer (ab 1931 »Seemotorführer«) abgelegt hatten. Auf diese Weise konnte man die Personalkosten niedrig halten und auf die Anmusterung eines Maschinisten verzichten. Parallel zur stärkeren Motorisierung vollzog sich eine Verkleinerung der Segelfläche. Da volle Segelfähigkeit nicht mehr in erster Linie gefragt war, wurden zunächst Breitfockrahen und Stengen abgetakelt und das Bugspriet verkürzt. Dadurch entfielen nicht nur die Kosten für eine eventuell erforderliche Erneuerung dieser Spieren, sondern es verringerte sich auch der Luftwiderstand des Riggs, der bei flotter Fahrt unter Motor nicht unbeträchtlich war. Mit der Verminderung des Gewichts im oberen Teil der Takelage wurde außerdem die Übernahme von Ballast bei unbeladenem Schiff teilweise oder ganz überflüssig. Daneben erleichterte das Fehlen der hohen Stengen das Laden und Löschen mit Kränen und anderen modernen Umschlagsgeräten, das verkürzte Bugspriet gab mehr Raum zum Manövrieren in engen Hafenbecken, und am Liegeplatz wurde weniger Kailänge benötigt.

Häufig reduzierte man die Segelfläche eines Schoners um etwa die Hälfte. Daß die restliche Hälfte zunächst nicht auch aufgegeben wurde, lag in ihrem noch hoch eingeschätzten Nutzen bei günstigem Wind: Dann konnten die Segel den Motor entlasten und den Brennstoffverbrauch in Grenzen halten. Auch die Versicherungsgilden der Küstenschiffer bestanden noch teilweise auf der Beibehaltung von Segeln, um bei längerem Motorenausfall auf See eine gewisse Manövrierfähigkeit zur Vermeidung von Notsituationen sicherzustellen. Da es ansonsten kaum noch echte Segelschiffe gab, rechneten die Eignerkapitäne außerdem in richtiger Einschätzung der Lage damit, daß ihre Schiffe von den Behörden trotz verringerter Segelfläche weiterhin noch als geeignet angesehen werden würden, um auf ihnen die notwendige Segelschiffsfahrzeit für angehende Nautiker zu erwerben. Die sich daraus für die Eigner ergebenden Vorteile sind bereits geschildert worden und hatten praktisch Bestand bis 1952. Dann erst wurde die Segelschiffsfahrzeit als Vorbedingung für den Nautikerberuf abgeschafft, nachdem die Anforderungen für eine Anerkennung als »Segelschiff« zwangsläufig immer niedriger angesetzt worden waren.

Die AAR war ein typischer Dreimastmotorschoner der Lühring-Werft. 1932 gebaut und zu 204 BRT vermessen, war das Schiff 32,50 m lang und 7,00 m breit. Bei einer Besegelung von 230 m² sorgte vornehmlich ein 150-PS-Motor für den Antrieb. (Foto: Schiffsfotos Jansen)

Die stärkere Motorisierung bei gleichzeitiger Verringerung der Segel machte aus allen noch tauglichen Küstenseglern mit Hilfsmotor praktisch Motorschiffe mit Hilfsbesegelung, die jeder ernstere Defekt an der Maschine im Hafen festhielt und was erst recht auf See problematisch werden konnte. Die Motoren waren inzwischen jedoch derart zuverlässig, daß dieser Nachteil kaum zum Tragen kam. Motorschoner entstanden dann schließlich nicht nur durch Umbauten, sondern in nicht geringer Zahl auch als Neubauten. Auf dem Gebiet des Neubaus sind in diesem Zeitabschnitt vor allem die Werften Conrad Lühring in Hammelwarden und Nobiskrug in Rendsburg zu nennen. Dort liefen zwischen 1930 und 1939 insgesamt ungefähr vierzig Motorschoner ab. Diese Schiffe hatten fast durchweg ein modifiziertes Dreimastgaffelschonerrigg mit stählernen Pfahlmasten (ohne Stengen) und verhältnismäßig niedrig geschnittene Gaffelsegel. Der Besanmast diente

FRANZ

Das Motorschiff FRANZ HOLM, das hier am Speicherviertel von Königsberg liegt, besaß eine dreimastige Hilfsbesegelung von 265 m² und wurde 1937 in Emden gebaut. Es war zu 200 BRT vermessen und mit einer 150-PS-Maschine ausgerüstet. (Foto: Willi Birker, ca. 1938 / Aus Marianne Türoff: Deutschland, 1956)

in der Regel gleichzeitig als Auspuffrohr; alle Fahrzeuge erhielten ein geschlossenes Steuerhaus. Entsprechend den erweiterten Befugnissen für die kleinen nautischen Patente seit 1931 und der im Jahre 1934 von 175 auf 212 BRT heraufgesetzten Gildengrenze einiger Versicherungsvereine waren diese Fahrzeuge zwischen 170 und 210 BRT vermessen und somit für den Bedarf der Eignerkapitäne maßgeschneidert. Die zwischen 30 und 36 m langen Schiffe hatten eine Segelfläche von etwa 250 bis 300 m^2, konnten 220 bis 300 t laden und wurden von einer sechsköpfigen Besatzung gefahren. Die Motorleistung schwankte zwischen 120 und 150 PS. Bei Nobiskrug baute man zehn Schiffe in der Art der Jachtschoner, die sich als sogenannte »Ich verdiene«-Typen einen Namen machten, sowie neun weitere Einheiten in mehr oder weniger abgewandelter Form. Lühring bevorzugte dagegen die schon von ihm vor dem Kriege entwickelte Bauform mit Klippersteven. Obgleich sich diese Motorschoner durch den Umfang ihrer Motorisierung, ihre stark reduzierte Segelfläche sowie die Decksaufbauten erheblich von ihren Vorgängern unterschieden, wiesen sie doch noch alle wesentlichen Merkmale des Segelschiffs auf. Anders war dies bei einer Serie von Neubauten, die ab 1935 bei der Werft Schulte & Bruns in Emden entstand. Trotz der dreimastigen Hilfsbesegelung waren diese rund 300 t tragenden Einheiten von der Formgebung des Rumpfes her schon typisch für den Motorschiffbau: Sie besaßen ein volles rundes Heck mit ausgebautem Achterschiff und einen modernen Steven ohne Bugspriet. Bezeichnenderweise wurden diese Frachter alternativ auch ohne jegliche Besegelung als reine Küstenmotorschiffe angeboten.

Im Gegensatz zu den von deutschen Werften zwischen 1920 und 1930 abgelieferten Gaffelschonern mit Hilfsmotor, die überwiegend an ausländische Interessenten gingen, wurden die nach 1930 gebauten Schoner zum größten Teil von einheimischen Eignerkapitänen erworben. Staatliche Förderungsprogramme erleichterten die Neuanschaffungen. Dadurch lag das Durchschnittsalter der als Gaffelschoner getakelten Motorsegler, einschließlich der zahlreichen Umbauten, niedriger als das der übrigen Fahrzeuge der Kleinschiffahrt. Ihr günstiges Ladevermögen sowie das wirtschaftliche Gesamtkonzept, nach dem sie betrieben wurden, machte sie leistungsstark und im Verein mit den ersten reinen Küstenmotorschiffen zu ernsthaften Konkurrenten der inzwischen überalterten Nord- und Ostsee-Dampfschiffahrt. Unangefochten konnten die Frachtdampfer nur noch in der Kohle- und Erzfahrt operieren, in der im allgemeinen größere Partien verschifft wurden, als dies bei anderen Ladungen der Fall war. Überall sonst mußten sie von nun ab mit dem Auftauchen der Motorschoner und Kümos rechnen.

Der Dreimast-Motorschoner EMIL

Der Dreimast-Motorschoner EMIL lief am 9. Dezember 1930 unter der Baunummer 402 bei der Werft Nobiskrug vom Stapel; Auftraggeber war der Rendsburger Kapitän Friedrich Jess. Der Küstenfrachter war mit den Hauptabmessungen von 35,50 m Länge, 7,40 m Breite sowie 3,12 m Tiefe und 211 BRT bei einer Ladefähigkeit von 300 t um rund 40 RT größer als die Nobiskruger Fahrzeuge vom »Ich verdiene«-Typ. Vom Aussehen und der übrigen Konzeption her ist das Schiff aber dennoch diesen Serienbauten zuzurechnen.

Die EMIL wurde unter Aufsicht des Germanischen Lloyds ganz aus Stahl gebaut und erhielt die Klasse für die »Große Küstenfahrt«. Die Rumpfform mit dem nach außen gekrümmten Vorsteven und dem herzförmigen Spiegel entsprach der der alten hölzernen Jachtschoner. Das Grundgeschirr bestand aus Patentankern, die im Gegensatz zu den früheren Stockankern — die auf See an Deck gezurrt werden mußten — zum Seefestmachen einfach in den Ankerklüsen vorgehievt wurden. Zur Bedienung des Ankergeschirrs stand eine mechanische Winde mit Handkurbelantrieb zur Verfügung. Hinter der Ankerwinde führte ein durch eine abgerundete Kappe geschützter Niedergang zum Mannschaftslogis. Fünf Kojen, eine Back und einige Spinde zur Aufnahme der persönlichen Ausrüstung der Decksleute bildeten das Inventar. Belüftet und erhellt wurde das Logis durch ein kleines Oberlicht mit zwei eingesetzten runden Gläsern. Auf dem Rücken der Niedergangskappe war eine einfache Winde zum Auftrommeln der Festmacheleinen angebracht.

Zwei rechteckige Luken — vor und hinter dem Großmast —

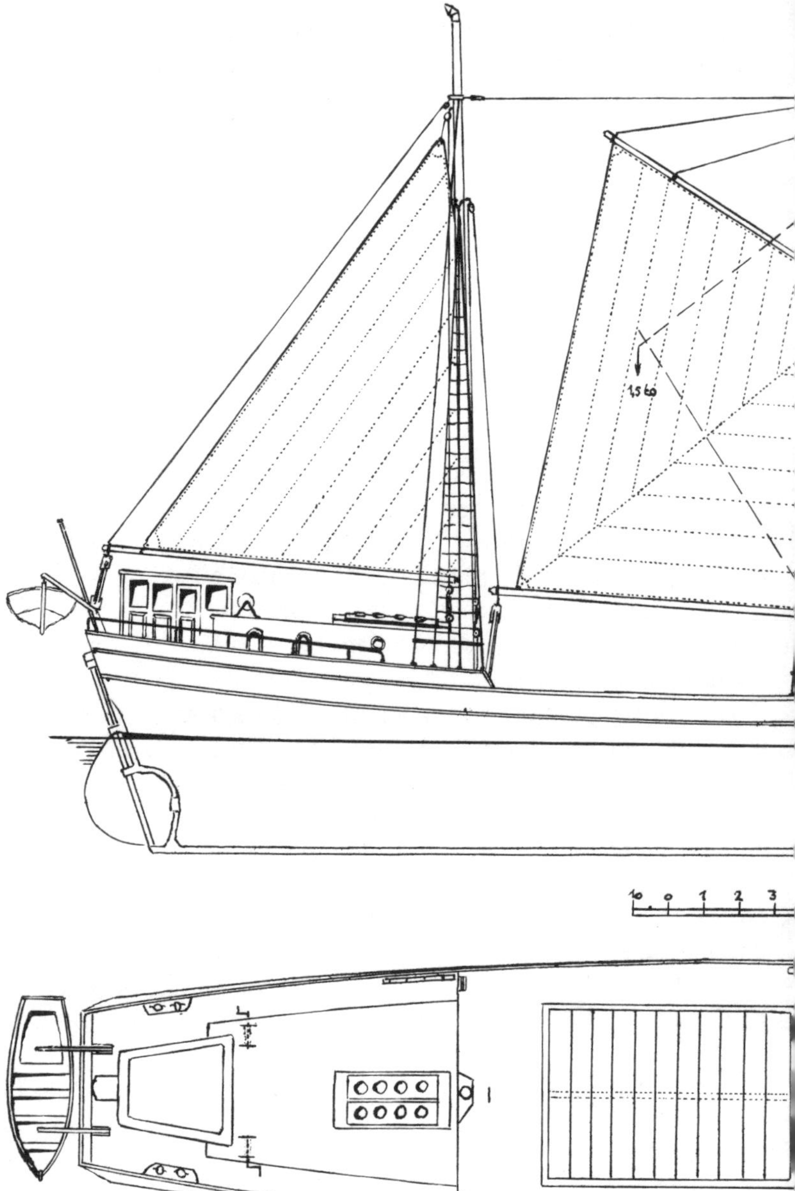

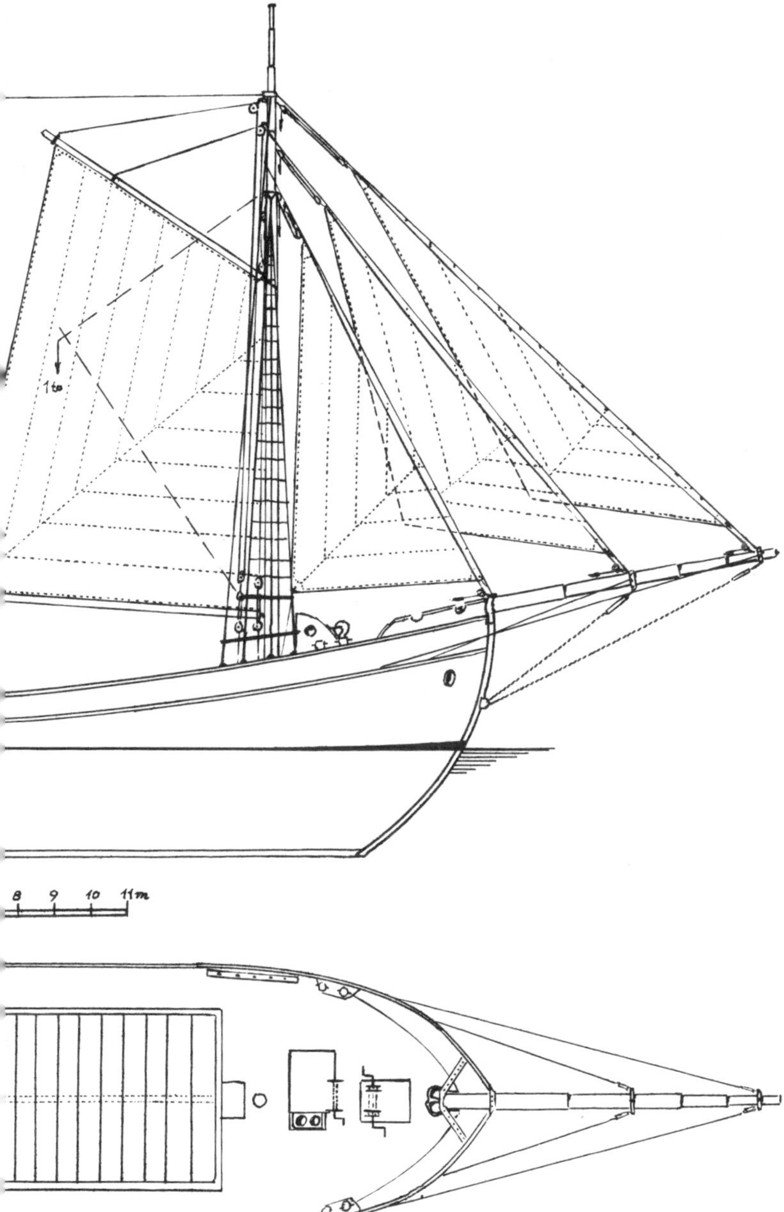

EMIL (211 BRT, gebaut 1930) war ein typischer Bau der Rendsburger Werft Nobiskrug. (Zeichnung: Verfasser)

bildeten den Zugang zum durchgehenden Laderaum, der vorne vom Logisschott und achtern durch das Maschinenschott begrenzt wurde. An den Vorkanten der Luken stand eine Ladewinde; gesonderte Ladebäume an Fock- und Großmast mit einem Hebevermögen von 1 bzw. 1,5 t erleichterten die Ladungsarbeiten. Die Ladeluken wurden mit schweren, etwa 60 cm breiten und gut 2 m langen Holzdeckeln geschlossen, deren Enden mit eingelassenen Handgriffen und verzinkten Eisenbändern beschlagen waren. Das Ganze dichtete man mit zwei oder drei übereinanderliegenden Persenningen ab, deren Ränder zwischen Klampen und Latten am Lukensüll mit Holzkeilen verschalkt wurden. Gegebenenfalls wurden die Persenninge zusätzlich durch Lukenlaschings aus bekleidetem Draht mit Spannschrauben sowie mit Taunetzen gesichert.

Hinter dem Besanmast lag ein etwas in das Deck eingelassener Aufbau mit Seitenfenstern, dem Maschinenschacht und -skylight, der Kombüse, der Steuermannskammer und den Räumlichkeiten des Kapitäns, die aus der Kajüte, einem Schlafraum und einem Bad mit WC bestanden. Der Zugang erfolgte durch das achtern anschließende Ruder- und Kartenhaus aus dunkel lackiertem Teakholz mit großen Fenstern und je einer Tür an Steuerbord und an Backbord. Die Übertragung vom Steuerrad auf das Ruderblatt geschah ohne Maschinenhilfe. Über dem Heck hing das Rettungsboot in Querschiffs-Anordnung in seinen Davits.

Als Antrieb dienten ein 150-PS-Dieselmotor der Firma Deutz und eine modifizierte Dreimastgaffelschoner-Takelung. Über den Vorsteven ragte ein gut 8 m langes Bugspriet, an dem drei Vorsegel gefahren wurden: der Außen- und Innenklüver und die Stagfock. Bei der stählernen Bemastung hatte man auf Stengen verzichtet. An Fock- und Großmast konnten als Gaffelsegel das Schoner- bzw. das Großsegel gesetzt werden. Als Besan begnügte man sich mit einem Hochsegel; der hohle Besanmast diente gleichzeitig als Maschinenauspuff. Die Gesamtsegelfläche betrug 308 m^2. Interessant ist der Vergleich mit der Segelfläche eines »reinen« Dreimastgaffelschoners ähnlicher Größe. So wurde beispielsweise für die ELSE (223 BRT; 314 tdw), die 1901 in Westerbroek für die Reederei W. Bruns in Leer vom Stapel lief, eine Segelfläche von 573 m^2 als notwendig angesehen. Das waren

265 m² mehr als bei der EMIL, deren Besegelung damit tatsächlich nur als Hilfsantrieb bezeichnet werden konnte. Dessenungeachtet bewährte sich das Konzept der Nobiskruger Schoner als Nord- und Ostseefrachter in einer Zeit, in der mit vielfältigen ökonomischen Schwierigkeiten zu kämpfen war.

An Bord

Neben den wirtschaftlichen Vorteilen, die sich in dieser Zeit aus der Motorisierung ergaben, wirkte sich der Einbau von Maschinen naturgemäß auch auf das Leben an Bord aus. Die Reisen des Schiffes wurden durch den Motor nicht nur beschleunigt, sondern auch erheblich erleichtert, wenn man einmal von dem neu hinzugekommenen Übel der Lärmbelästigung absieht. Das Versegeln eines Fahrzeugs von einem Ort zum anderen nur mit Hil-

Eigner Kapitän Detlev Schmidt und seine Mannschaft haben sich mit mißmutigen Mienen um die auseinandergenommene Motorwinde des 1918 in Groningen gebauten Dreimastschoners ANNEMARIE versammelt. (Foto aus: Joachim Kaiser: Küstenscenerie)

fe des Windes war mit größeren körperlichen Anstrengungen sowie mit einer wesentlich intensiveren Beobachtung und Berücksichtigung von Wind und Wetter verbunden; ungünstige Wind- und Seegangsverhältnisse sowie unvorhersehbare Strömungen führten häufiger zu Gefahrensituationen. Allerdings erforderte der Umgang mit dem Motor die Aneignung neuer Fertigkeiten sowohl in technischer als auch in seemännischer Hinsicht. Die Anlage bedurfte einer ständigen Überwachung und Pflege, um stets betriebsklar zu sein: Der Anblick eines ölverschmierten sorgenvollen Schiffers vor seinem säuberlich zerlegten Diesel gehörte von nun an mit zum seemännischen Alltag. Ferner mußte das Manövrieren im engen Hafen unter Motor erlernt werden, und es waren Erfahrungen zu sammeln, wie auf See die Maschine am wirtschaftlichsten einzusetzen sei, um bei einem nicht zu hohen Verbrauch des kostspieligen Brennstoffs gleichzeitig eine zufriedenstellende Geschwindigkeit zu erreichen. Auch war zu bedenken, daß selbst stark motorisierte, aber relativ kleine Fahrzeuge nicht von jedem Wetter unabhängig waren. Zwar war es mit den ungeliebten Reiseverzögerungen durch Flauten nun vorbei, die Behinderung durch schlechtes Wetter blieb jedoch zu einem nicht zu unterschätzenden Teil bestehen. Das Aufsuchen eines Schutzhafens oder das Abwarten von Wetterbesserung in Lee einer Küste waren weiterhin nötige und rechtzeitig zu überlegende seemännische Maßnahmen nicht nur im Interesse von Schiff, Ladung und Besatzung, sondern auch zur Vermeidung unnötigen Treibstoffverbrauchs bei nur geringem oder gar keinem Fortgang des Schiffes in schwerem Wetter.

Bis zum Zweiten Weltkrieg war auf Nord- und Ostseefahrern unter 250 BRT im allgemeinen die Besatzung für die Beförderung der transportierten Güter zwischen Schiffsladeraum und den Kaianlagen und umgekehrt zuständig. Da häufig kleinere Häfen mit nur geringem Ladungsaufkommen und ohne jegliche landseitige Umschlagseinrichtungen angelaufen wurden, war auch das Ladegeschirr vom Schiff zu stellen. Früher war es üblich, zum Laden und Löschen den Schoner- oder Großbaum zu benutzen, an dessen Nock ein Ladeblock und an dessen innerem Ende ein Leitblock aufgetakelt wurde. Als Hanger dienten Dirk und Klau- oder Piekfall. Für den Umschlag leichterer Lasten schlug man

Drei Gaffelschoner löschen um 1930 Schnittholz im Hafen von Glückstadt. Die im Vordergrund liegende ELSE KÜHLKE benutzt zum Von-Bord-Hieven der Planken den Schonerbaum, die längsseits festgemachte LANDKIRCHEN arbeitet dagegen mit einem speziellen Ladebaum. (Foto aus: Gerhard Köhn und Walter Wilkes: Alt-Glückstadt in Bildern, 1979)

auch oft das Segel von der Gaffel ab, dann wurden an der Gaffel eine Löschtalje mit Ladehaken sowie zwei Geitaue befestigt und das Ganze waagerecht vorgeheißt. Zwischen den Weltkriegen erhielten die Schoner häufig einen gesonderten Ladebaum, so daß die mit dem Umfunktionieren der Segelspieren zu Ladeeinrichtungen verbundenen Arbeiten überflüssig wurden. Der zu den beschriebenen Vorrichtungen gehörende Ladeläufer zum Heben der Lasten führte zu einer Winde. Dies waren über lange Zeit hinweg handgetriebene Apparate mit Zahnradübertragung und Kurbeln, deren Bedienung kreuzbrechend und überaus anstrengend war. In den 1920er Jahren kam es dann nach und nach zum Einbau motorgetriebener Deckshilfsmaschinen, die auf den moderneren Kümos wiederum von Elektro- und Hydraulikwinden abgelöst wurden.

Um 1930 erhielten die meisten Motorschoner ein geschlossenes Steuerhaus, so daß jetzt der Rudertörn in Pantoffeln anstelle im Ölzeug auf ungeschütztem Achterdeck möglich wurde. Ansonsten änderte sich aber an den Wohnverhältnissen wenig. Die übliche Raumaufteilung mit dem Logis im Vorschiff fand man selbst noch auf den ersten Kümoneubauten nach 1950. Auch Kohleöfen zur Beheizung und zum Kochen sowie Petroleumlampen zu Beleuchtungszwecken überdauerten den Zweiten Weltkrieg auf vielen kleinen Nord- und Ostseefahrern. Mit dem Trimmen rußender Positionslaternen hat sich mancher der heutigen Seemannsgeneration noch in seinen jungen Jahren herumärgern müssen. Erst in den 1950er Jahren zog die Elektrizität endgültig in die Küstenschiffahrt ein. Damit war dann auch die Voraussetzung für die Einführung moderner Navigationsgeräte wie Funkpeiler, Echolot, Radar usw. geschaffen.

Die Besatzung der Schoner blieb nach dem Einbau der Motoren eine rein seemännische, da sie die neuen technischen Aufgaben mit übernahm. Darüber hinaus war sie auch eine reine Männergesellschaft. Im Gegensatz z.B. zu den niederländischen Küstenfahrern, die häufig ihre ganze Familie mit an Bord hatten und dadurch sowohl Heuern als auch die Kosten für einen Hausstand an Land sparten, waren in Deutschland weibliche Personen im Decksdienst im allgemeinen nicht erlaubt. Nur in der kleinen Küstenfahrt, d.h. entlang der niederländischen, deutschen, dänischen und südschwedischen Küste, war die Frau des Eignerkapitäns als Ersatz für einen Decksjungen zugelassen, *wenn sie ordnungsgemäß angemustert und augenscheinlich fähig war, Bordarbeiten auszuführen*. In vielen Fällen bedeutete die Anwesenheit der Schiffersfrau nicht nur Ersparnis eines Decksjungen, sondern hatte auch insgesamt einen positiven Einfluß auf das Bordklima. So erzählte mir Axel Möller aus seiner Fahrzeit auf der ALITA III im Jahre 1928: *Ab Windstärke 5 hielt der Schiffer mit Rücksicht auf seine Gattin Ausschau nach einem geeigneten Schutzhafen. Schnelle Reisen waren nicht unbedingt gefragt (dies war noch vor der Wirtschaftskrise); man war bescheiden und mit dem zufrieden, was die Fracht unter normalen Verhältnissen abwarf. Die Frau des Schiffers hatte das Kochen, für das ansonsten der Decksjunge zuständig war, übernommen, was der Qualität der Mahlzeiten sehr zugute kam. Gegessen wurde gewöhnlich zusammen mit dem Schiffer in der Kajüte. Nur während des Lade- und Löschbetriebes, wenn man verschwitzt und verschmutzt war, fand das Essen in der Kombüse statt. Sauberkeit wurde überall an Bord groß geschrieben, und Kajüte sowie Logis durften nur in Strümpfen betreten werden. Auch auf die Kleidung insbesondere der jüngeren Besatzungsmitglieder hatte die Schiffersfrau ein waches Auge, und war sich dabei nicht zu gut, gelegentlich beim Sockenstopfen auszuhelfen.*

Die Schiffersfrau in der Rolle einer Art »Hausmutter« an Bord ist inzwischen verschwunden, und seit den 1960er Jahren sind die diesbezüglichen Beschränkungen für den Decksdienst fortgefallen, so daß weiblichen Personen nun auch die Möglichkeit offensteht, bis zur Schiffsführerin aufzusteigen. Dennoch wird die »Kapitänin« in der Küstenschiffahrt wohl eher eine Ausnahmeerscheinung bleiben, sonst aber sind weibliche Personen im Decksdienst heute nichts Ungewöhnliches mehr. So berichtete beispielsweise im Herbst 1982 die Hamburger Presse, daß zwölf Kehdinger Frauen im Alter zwischen 33 und 52 Jahren ihren Matrosenbrief erworben hätten, um ihre Männer — allesamt Schiffsführer von Küstenmotorschiffen — künftig an Bord tatkräftig unterstützen zu können.

Die neue Zeit

Nach dem Handbuch für die deutsche Handelsmarine waren am 1. Januar 1938 noch 112 Gaffelschoner in der Frachtfahrt beschäftigt. Dabei handelte es sich um 46 Zweimaster, davon fünf aus Holz, und 66 Dreimaster, davon drei aus Holz. Alle Fahrzeuge waren motorisiert. Es war dies wohl der letzte Zeitpunkt, an dem man bei einigem guten Willen noch imstande war, die Schiffe der Motorseglerflotte nach Art und Umfang ihrer Takelage den unterschiedlichen Segelschiffstypen zuzuordnen. Unter dem Einfluß der folgenden Entwicklung wurden Rigg und Schiffsrümpfe dann derart verändert, daß eine solche Zuordnung praktisch unmöglich wurde.

Mit dem Beginn des Zweiten Weltkrieges im Jahre 1939 wurden alle deutschen Handelsschiffe der Militärverwaltung unterstellt. Auflieger gab es kaum, alles war in die Maschinerie des Krieges eingespannt. Die Küstenfahrer führten auf Anweisung Frachtfahrten zwischen Deutschland und den auf dem Seeweg ungehindert zu erreichenden neutralen oder besetzten Ländern durch oder wurden zum Transport militärischer Güter eingesetzt. Einige geeignete Fahrzeuge fanden Verwendung als Vorpostenboote, andere als U-Bootfallen. Unauffällig armiert und mit Marinesoldaten besetzt, sollten sie neutrale Schiffe vortäuschen und feindliche U-Boote zum Auftauchen verlocken, um sie dann im Überwassergefecht unschädlich zu machen. In diesem unsinnigen Krieg büßte die deutsche Küstenschiffsflotte mehr als 10% ihrer Tonnage ein. Von 24 in Schulau beheimateten Küstenfahrern gingen z.B. allein vier durch Minentreffer verloren, wobei nur in einem Fall die Besatzung gerettet werden konnte.

Nach dem Zusammenbruch und der bedingungslosen Kapitulation des Deutschen Reiches 1945 mußten alle Handelsschiffe über 1500 BRT abgeliefert werden. Über den Großteil der übrigen Schiffe behielten die alliierten Siegermächte trotz vorläufig weiterer Nutzung durch die ursprünglichen Eigner vorerst die Verfügungsgewalt. Erst 1950 waren die Eigentumsverhältnisse endgültig geklärt, so daß sich die meisten Eignerkapitäne auch wieder rechtlich im Besitz ihres Eigentums sahen und die Zeit der Unsicherheit beendet war. Im Jahre 1948 wurden die zunächst drastischen Fahrtgebietbeschränkungen gelockert und das generelle Neubauverbot aufgehoben. Aber erst sechs Jahre nach Kriegsende fielen die letzten Auflagen der Siegermächte in den Bereichen Schiffahrt und Schiffbau.

Der Fortfall der einengenden Vorschriften, Tonnagemangel und das allgemeine Wiederaufbaustreben in der Bundesrepublik führten in den 1950er Jahren zu einem beträchtlichen Aufschwung auch in der Küstenschiffahrt. Viele Eignerkapitäne nutzten die großzügigen staatlichen Hilfen und orderten Neubauten von Küstenmotorschiffen, mit denen die letzten alten Dampfer erfolgreich aus dem Nord- und Ostseegeschäft gedrängt werden konnten. Und während ein großer Teil der kleineren Motorsegler in die Binnenschiffahrt abwanderte, paßte man vor allem die Gaffelschoner den neuen Gegebenheiten an. Die Schiffsrümpfe wurden verlängert und erhöht, um die Tragfähigkeit zu verbessern; was an Segeleinrichtungen noch vorhanden war, wurde aufgebraucht, aber nicht mehr erneuert. Häufig — wenn überhaupt — blieben nur noch ein oder zwei Stützsegel stehen, die dem Schiff bei Seegang eine ruhigere Lage und mehr Kursstabilität verleihen sollten. Die früheren Schoner waren nach ihren Umbauten oftmals nicht mehr wiederzuerkennen. Mit der Frachtfahrt unter Segeln war es in der Nord- und Ostsee endgültig vorbei.

Der uns schon bekannte Kapitän Seebeck aus Schulau kommentierte die Nachkriegszeit folgendermaßen: *Die Eigner, die ihre Schiffe durch Kriegseinwirkung verloren hatten, erhielten als erste Kredite vom Staat für Neubauten. Sie ließen sich hierfür moderne Kümos bauen. Viele verkauften ihre Motorsegler ins Ausland und hatten so die Anzahlung für neue Schiffe. — In den ersten Jahren nach dem Kriege fuhren wir hauptsächlich Kohlen zwischen deutschen Häfen und nach Dänemark und Schweden. Die Frachten waren sehr gut, und 1952 hatte ich mein durch Bomben verlorenes Haus wieder aufgebaut. 1956 errichtete ich ein zweites Zwei-Familienhaus, wiederum ohne fremde Hilfe. Als im Jahre 1957 die Frachten schlechter wurden, verkaufte ich meinen Motorschoner* MAJA *nach Dänemark und baute mir ein drittes Zwei-Familienhaus.*

Die Größe der Küstenmotorschiffe nahm ständig zu, und die Nutzungsdauer der Fahrzeuge wurde aufgrund der schnellen wirtschaftlichen und technischen Entwicklung immer kürzer. Bereits 1948 war die Gildengrenze der Versicherungsvereine der Küstenschiffer auf 300 BRT heraufgesetzt worden, 1956 waren es dann 500 BRT, und 1972 wurde die Begrenzung ganz aufgegeben. Ebenso verhielt es sich mit den Versicherungsbezirken, deren äußere Begrenzung man 1975 ganz aufhob, nachdem zwischenzeitlich die europäische Fahrt einschließlich Mittelmeer gegolten hatte. Mit der Größe wuchs der Versicherungswert der Schiffe, was 1970 zum Aufgehen der kleineren Gilden von Geversdorf, Uetersen, Burg und Rendsburg (von wo aus seit 1945 die Geschäfte der vormaligen Stralsunder Gilde geführt worden waren) in die größeren Vereine in Cranz, Drochtersen und Schulau führte. Eine weitere Fusion brachte 1987 die Verschmelzung der Cranzer und

Schulauer Gilden zum »Norddeutschen Assekuranz-Verein Hamburg-Cranz«.

Mit den neuen, immer schwieriger von einem Einzelnen zu finanzierenden Schiffen ging dann auch die Zahl der Eignerkapitäne, die alleinige Besitzer und gleichzeitig Führer ihres Schiffes waren, ständig zurück. Immer häufiger kam es zur Gründung von Partenreedereien oder anderen gesellschaftlichen Zusammenschlüssen, bei denen sich gelegentlich mehrere Kapitäne zusammenfanden, oftmals jedoch schiffahrtsfremdes Kapital die finanzielle Grundlage bildete. Beträchtliche Veränderungen im Gefüge des Küstenschiffahrtsgewerbes gingen somit Hand in Hand mit dem Verschwinden der Nord- und Ostseefahrer alter Prägung.

Die letzten Veteranen

Der im Elberevier tätige Seelotse Herbert Karting hat in mehreren Büchern und zahlreichen Aufsätzen die Lebensläufe vieler Küstensegler nachgezeichnet. Nach seinen Recherchen war der letzte hölzerne, westdeutsche Frachter, der als Motorschoner im Dienst gewesen ist, die BILLE (293 BRT / 150 PS); zumindest zierte sie am längsten das deutsche Schiffsregister, nämlich bis 1976. Das Schiff wurde 1917 in Thurø am Svendborgsund für dänische Eigner gezimmert und war ursprünglich für die transatlantische Fahrt bestimmt. Unter verschiedenen Namen war es bis 1955 in skandinavischem Besitz. Dann erwarb Willy Hansen aus Rendsburg das Schiff und nannte es MARLIES. Zu diesem Zeitpunkt hatte das in den dreißiger Jahren motorisierte Fahrzeug inzwischen das Aussehen eines typischen Dreimast-Motorschoners mit verkürztem Bugspriet, Pfahlmasten und Steuerhaus. Nach vierjährigem weiteren Einsatz in der Ostseefahrt ging es als BILLE in den Besitz von Werner K. Heinz über und wurde in Hamburg registriert. Aber bereits Anfang der sechziger Jahre mußte der Schoner an die Teerhofinsel an der Tave verholt und wegen Unrentabilität aufgelegt werden. Langsam aber sicher verfiel nun das Schiff; einige seiner Planken und Decksbalken und der geschnitzte Vorsteven fanden schließlich ihren Weg als Dekorationsstücke in ein Bremerhavener Restaurant und erinnern dort an alte Zeiten.

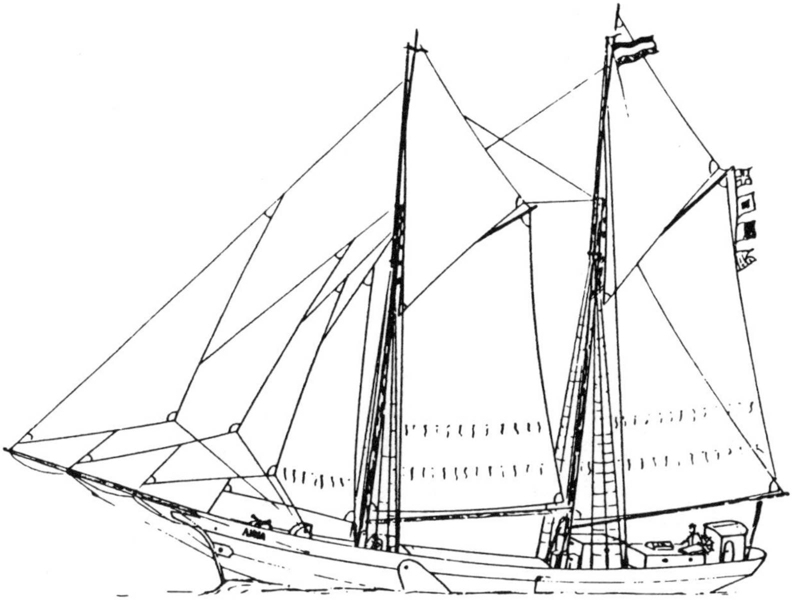

So ähnlich wie die hier abgebildete, 1912 in Martenshoek gebaute und zu 89 BRT vermessene ANNA *dürfte auch die* NORDERELBE *ex* AUGUSTE *bei ihrer Indienststellung ausgesehen haben. (Skizze von Julius Gregersen, 1913 / Dansk Bibliothek, Flensburg)*

Stählerne Küstenfrachter erreichten in der Regel ein deutlich höheres Lebensalter als hölzerne. Das lag weniger an der Haltbarkeit des Baumaterials als vielmehr daran, daß Stahl die Möglichkeit bot, ein Schiff ohne Verlust an Seetüchtigkeit zu verlängern und zu erhöhen, d.h. durch Umbauten seine Ladefähigkeit und damit Wirtschaftlichkeit zu verbessern und den sich wandelnden Gegebenheiten anzupassen. Diesen Modernisierungsmaßnahmen waren natürlich Grenzen gesetzt: Von der alten Substanz mußte entsprechend viel erhalten bleiben und sich auch noch in ausreichend gutem Zustand befinden, um die Kosten für den Umbau deutlich niedriger halten zu können als die Neubaukosten für ein vergleichbares Schiff.

Mit dem sprunghaften Anstieg der Größe der neueren Küstenfrachter nach dem Zweiten Weltkrieg gerieten die modernisierten, aber dennoch relativ kleinen (ehemaligen) Gaffelschoner bald ins Hintertreffen. Zwei staatlich geförderte Abwrackaktio-

Daß in dem Küstenmotorschiff NORDERELBE *Teile des 1914 auf der Sietas-Werft als* AUGUSTE *gebauten Gaffelschoners stecken, kann nur der Eingeweihte wissen. Die Aufnahmen zeigen das noch immer gepflegte Schiff nach Übernahme einer vollen, nach Hamburg bestimmten Rapsladung in Eckernförde beim Seeklarmachen und beim Verlassen des Binnenhafens. (Fotos: Verfasser, 1987)*

Der Dreimastmotorschoner ANNEMARIE war zu 171 BRT vermessen und wurde im Juli 1930 von der Rendsburger Werft Nobiskrug abgeliefert. (Foto: Archiv Nobiskrug-GmbH)

nen in den Jahren 1962/67 und 1970/72 zur Strukturbereinigung der Küstenflotte trugen das ihre dazu bei, daß sich die Zahl der Veteranen mehr und mehr verringerte. Umso erstaunlicher ist es, daß heute — im Frühjahr 1990 — noch drei Fahrzeuge unter der bundesdeutschen Flagge in der Frachtfahrt tätig sind, die einst als gaffelgetakelte Schoner auf einer deutschen Werft gebaut worden waren, die NORDERELBE ex AUGUSTE, die ANNEMARIE und die NOBISKRUG, deren Lebensläufe zeigen, wie eng in der Küstenfahrt Geschichte und Gegenwart miteinander verzahnt sind.

Die NORDERELBE wurde 1914 als AUGUSTE auf der Werft von J.J. Sietas in Cranz-Neuenfelde gebaut. Es handelte sich um einen zweimastigen flachbodigen Gaffelschoner mit Seitenschwertern, der zu 90 BRT / 44 NRT vermessen war. Das Schiff segelte in der Nord- und Ostsee und erhielt in den zwanziger Jahren einen 60-PS-Hilfsmotor. Kurz vor Ausbruch des Zweiten Weltkrieges gehörte der in Hamburg registrierte Frachter Jacob Becker aus Estebrügge und Heinrich Behrens aus Ostmoorende. 1952 wurde die AUGUSTE zum reinen Motorschiff umgebaut. Nach der Verlängerung und Erhöhung ergaben sich als Hauptabmessungen nun eine Länge von 31,02 m, eine Breite von 5,78 m und eine Tiefe von 2,74 m bei 171 BRT / 105 NRT und einer Tragfähigkeit von 230 t. Eine neue Maschine mit 120 PS erbrachte eine Geschwindigkeit von 8 kn. 1964 verkaufte Heinrich Behrens das Schiff an Henry Ebeling aus Moorende, der den ehemaligen Schoner in NORDERELBE umbenannte. Nächster Eigner war Detlev Schöning, der sich Anfang der achtziger Jahre von dem Kümo trennte und es an Günter Feldmann aus Sereetz abtrat; neuer Heimathafen des Schiffes wurde Neustadt/Ostsee. Unter seinem jetzigen Eigner, Wolfgang Küttner aus Neumünster, wird der kleine, immer noch gut instand gehaltene Frachter hauptsächlich zwischen Hamburg und Häfen der südwestlichen Ostsee eingesetzt und macht Reisen wie etwa nach Rudkøbing mit Sisal, nach Fredericia mit Maisgries oder von Eckernförde mit Raps. In begrenztem Rahmen besteht also noch immer eine Nachfrage an kleiner Tonnage, die der NORDERELBE bisher das Überleben gesichert hat.

ANNEMARIE und NOBISKRUG liefen als Schwesterschiffe der »Ich verdiene«-Serie der Rendsburger Werft Nobiskrug 1930 vom Stapel, erstere für Julius Penns aus Burg/Dithmarschen und letztere für Heinrich Stüven aus Finkenwerder. Die beiden Dreimast-Motorschoner mit den Hauptabmessungen von 30,99 m Länge, 7,00 m Breite und 2,98 m Tiefe bei 171 BRT / 90 NRT waren mit einer 150-PS-Maschine ausgerüstet und führten eine Hilfsbesegelung von 254 m^2. Sie wurden 1935 bei Beibehaltung der bisherigen Segelfläche geringfügig verlängert, wodurch sich ihre Vermessung auf 200 BRT erhöhte. Größere Umbauten und die Verwandlung in reine Motorschiffe, die nur in den nächsten Jahren gelegentlich noch ein Stützsegel setzten, erfolgten dann 1953. Die Schiffe wurden damit auf über 40 m Länge bei einer Vermessung von rund 290 BRT und bei einer Tragfähigkeit von 450 beziehungsweise 480 t gebracht. Die Umbauten, an denen nur

Die Aufnahme oben zeigt den Motorschoner ANNEMARIE nach ersten Umbauten zu Beginn der 1950er Jahre; das Foto unten präsentiert das Schiff, so wie es gegen Ende der 1980er Jahre noch in Fahrt ist. (Fotos: Schiffsfotos Jansen)

noch wenig an ihre ursprüngliche Herkunft erinnerte, wurden nun von 280-PS-Maschinen angetrieben. Neben der Tatsache, daß beide Fahrzeuge noch immer in der Getreide- und Futtermittelfahrt in der Ostsee ihr Geld verdienen, ist das Bemerkenswerte an ihnen, daß sie in ihrem nun sechzigjährigen Leben weder ihren Heimathafen noch ihren Namen geändert haben.

Die frachtfahrenden Gaffelschoner und ihre Zeit sind Geschichte geworden. Hoch aufragende kastenförmige Fährschiffe und moderne Kümos, die mit schwerer Ladung tief im Wasser liegend oder das Deck mit Containern oder Paketholz voll bepackt die Nord- und Ostsee durchpflügen, haben die Transportaufgaben im Seegebiet vor unseren Küsten übernommen. Mit einigem Glück kann man jedoch auch heute noch gelegentlich die grauen oder rotbraun gelohten Gaffelsegel eines Gebrauchsseglers ausmachen, der vor dem Abwracken oder dem endgültigen Verrotten an einem schlickigen Flußufer gerettet wurde und nun — sorgfältig restauriert — mit »menschlicher« Ladung wieder in seinem angestammten Revier unterwegs ist. Die Beweggründe für den Einsatz derartiger Schiffe in unserer Zeit sind durchaus unterschiedlich und reichen von der Urlaubsgestaltung bis zur Sozialarbeit. Ihr Betrieb ist aber in jedem Fall mehr als nur eine nostalgisch angehauchte Sonderform des Segelsports. Anschaulicher als es alte Baupläne oder Museumsmodelle vermögen, führen sie uns frühere Schiffbaukunst vor Augen. Mit der Durchführung von Reisen bleibt außerdem die Fähigkeit bestehen, derartige Fahrzeuge zu segeln, und durch die laufend erforderlichen Instandhaltungsarbeiten werden die herkömmlichen seemännischen Handfertigkeiten gepflegt, die in der modernen Schiffahrt inzwischen größtenteils durch neue Techniken verdrängt worden sind, eines Tages vielleicht aber wieder benötigt werden. Sei diesen Repräsentanten einer vergangenen Epoche weiterhin ein langes Leben beschieden!

Literatur- und Quellenverzeichnis

Bücher

Festschrift »100 Jahre Assekuranz-Verein Schulau«. Hamburg 1971
Festschrift »100 Jahre Schiffergilde Emanuel«. Uetersen 1967
Achilles, Fritz W.: Seeschiffe im Binnenland. Der kombinierte Binnen- See-Verkehr in Deutschland. Schriften des Deutschen Schiffahrtsmuseums Band 10. Hamburg 1984
Fleischfresser, Kurt; Hoffmann, Rudolf: Segler von Haff und Bodden. Pommersche Küstenschiffahrt. Norderstedt 1975
Fleischfresser, Kurt: Mit auf den Kurs. Laboe 1982
Greenhill, Basil: The Merchant Schooners, Volume 1 und 2. Newton Abbot 1968
Greenhill, Basil: Schooners. London 1980
Holm-Petersen, F.: Langfarere fra Marstal. Norderstedt 1975
Höver, Otto: Von der Galiot zum Fünfmaster. Unsere Segelschiffe in der Weltschiffahrt 1780–1930. Bremen 1934 Nachdruck
Kaiser, Joachim: Segler im Gezeitenstrom. Biografie der hölzernen Ewer. Norderstedt 1974
Kaiser, Joachim: Segler in der Zeitenwende. Biografie der kleinen stählernen Frachtsegelschiffe (1880 bis Gegenwart). Norderstedt 1977
Kaiser, Joachim: Deutsche Segelschiffe. Register über den Restbestand 1980–1986. Glückstadt 1986
Karting, Herbert: Schiffe, Reeder und Kapitäne aus dem Kreis Steinburg. Itzehoe 1977
Karting, Herbert: Schiffe aus Wewelsfleth. Deutsche Küstensegler, Band 1–3. Itzehoe 1981 und 1985
Karting, Herbert: Bark, Schoner und Galeass. Die Motorsegler der Krupp-Germaniawerft. Rendsburg 1987
Laursen, Andreas: Segelschiffe der Ostsee. Bearbeitet und mit einer Einleitung versehen von Joachim Kaiser. Norderstedt 1978
Leavitt, John F.: Wake of the Coasters. Middletown-Connecticut 1974
Meyer, Jürgen: Hamburgs Segelschiffe 1795–1945. Norderstedt 1971
Middendorf, Friedrich L.: Bemastung und Takelung der Schiffe. Berlin 1903 (Nachdruck, Kassel 1971)
Reichsamt des Inneren (Hrsg.): Handbuch für die deutsche Handelsmarine. Berlin 1877 ff.
Reichsverkehrsministerium (Hrsg.): Entscheidungen des Reichsoberseeamts und der Seeämter des Deutschen Reiches, Band 28. Berlin 1937
Rudolph, Wolfgang: Die Insel der Schiffer. Zeugnisse und Erinnerungen von rügischer Schiffahrt. Rostock 1962
Schmelzkopf, Reinhart: Die deutsche Handelsschiffahrt 1919–1939. Chronik und Wertung der Ereignisse in Schiffahrt und Schiffbau. Oldenburg und Hamburg 1974
Slade, W.J.: Out of Appledore. London 1980
Speerstra, Hylke: Schippers van de zee. De laatste kustvaarders onder zeil. Amsterdam 1974
Szymanski, Hans: Die Segelschiffe der deutschen Kleinschiffahrt. Lübeck 1929
Szymanski, Hans: Der Ever der Niederelbe. Ein Beitrag zur Geschichte der deutschen Schiffahrt und der Volkskunde Niedersachsens. Lübeck 1932

Szymanski, Hans: Deutsche Segelschiffe. Die Geschichte der hölzernen Frachtsegler an der Ost- und Nordseeküste, vom Ende des 18. Jahrhunderts bis auf die Gegenwart. Berlin 1934 (Nachdruck, Norderstedt 1972)

Aufsätze

Arenhold, Lüder: Zur Frage der kleinen Segelschiffahrt. In: Hansa 37/1906, S. 440–441

Breuer, Henry: Der integrierte Schiffsoffizier auf Küstenschiffen. In: Hansa 7/1988, S. 407–408

Burmester, Heinz: Dreimastgaffelschoner OLGA ex MARGARETHE. In: Deutsche Küstenschiffahrt 3/1982, S. 83

Döhle, Peter: Deutsche Küstenschiffahrt, gestern — heute — morgen. In: Schiffahrt international 7/1985, S. 252–257

Gramcko, Eduard: Die Entwicklung der deutschen Motorsegler und seegehenden kleinen Motorschiffe. In: Hansa 7/1939, S. 380–382

Ihnken, Betto: Unsere Küstenfahrer. In: Hansa 20, 21/1906, S. 234–236, 245–248

Kaiser, Joachim: Der letzte hölzerne Frachtsegler Hamburger Herkunft. In: Oevelgönner Courier 4 (1980), S. 9–10

Karting, Herbert: Der Dreimastschoner ANTARES II aus Stralsund. In: Deutsche Küstenschiffahrt 6/1986, S. 158–159

Karting, Herbert: MARY, ein langlebiger Schoner aus Kiel. In: Deutsche Küstenschiffahrt 8/1986, S. 210–211

Karting, Herbert: Die BILLE war Deutschlands letzter hölzerner Dreimastschoner. In: Deutsche Küstenschiffahrt 2/1987, S. 35–36

Karting, Herbert: Deutschlands letzte hölzerne Dreimastschoner. In: Deutsche Küstenschiffahrt 5/1987, S. 126–128

Klünder, Willy: Als wir noch segelten. In: Deutsche Küstenschiffahrt 9/1982, S. 258

Köster, Klaus: Hundert Jahre Cranzer Küstenschiffahrt. In: Schiffahrt international 7/1981, S. 284–287

Kröplin, Karl F.: Die erste Reise. In: Schiffahrt international 7/1970, S. 311–312

Kühne, Karl B.: Restaurierung des Jachtschoners HERMINE. In: Piekfall 28(1984), S. 28-30

Schaefer, Ulrich: Zur Geschichte der deutschen Küstenschiffahrt. In: Schiff und Zeit 27(1988), S. 25–32

Seebeck, Hans Heinrich: Ein alter Schulauer Kapitän berichtet aus seinem Leben. In: Deutsche Küstenschiffahrt 6/1978, S. 193–194

Weitere Bücher aus dieser Reihe:

Heinz Burmester

Weltumseglung unter Preußens Flagge

Die Königlich-Preußische Seehandlung
und ihre Schiffe

176 Seiten, 25 Abb., geb., DM 29,80

Detlev Ellmers

Maritimes Silber im Industriezeitalter

Glanzlichter im Alltag der Schiffahrt

156 Seiten, ca. 150 Abb., geb., DM 36,–

Lars U. Scholl

Als die Hexen Schiffe schleppten

Die Geschichte der Ketten- und Seil-
schleppschiffahrt auf dem Rhein

180 Seiten, 50 Abb., geb., DM 32,–

Franz von Wahlde

Ausgebüxt

Bordtagebuch eines Schiffsjungen
1884–1886
Hrsg. Dr. Uwe Schnall

292 Seiten, 75 Abb., geb., DM 36,–